Max W. Richardt

Abiturwissen Evangelische Religion

Kompetent evangelisch im Abitur

2., unveränderte Auflage

Vandenhoeck & Ruprecht

Bibliografische Information der Deutschen Nationalbibliothek

Die Deutsche Nationalbibliothek verzeichnet diese Publikation in der Deutschen Nationalbibliografie; detaillierte bibliografische Daten sind im Internet über http://dnb.d-nb.de abrufbar.

ISBN 978-3-525-77301-7
ISBN 978-3-647-77301-8 (E-Book)

Umschlagabbildung: © fotoverkaeufer/shutterstock

© 2015, 2013, Vandenhoeck & Ruprecht GmbH & Co. KG, Göttingen /
Vandenhoeck & Ruprecht LLC, Bristol, CT, U.S.A.
www.v-r.de
Alle Rechte vorbehalten. Das Werk und seine Teile sind urheberrechtlich geschützt. Jede Verwertung in anderen als den gesetzlich zugelassenen Fällen bedarf der vorherigen schriftlichen Einwilligung des Verlages.
Printed in Germany.
Satz: SchwabScantechnik, Göttingen
Druck und Bindung: ⊕ Hubert & Co., Göttingen

Gedruckt auf alterungsbeständigem Papier.

Inhalt

Gebrauchsanweisung 6
Kapitel 1 | Wahrheit und Erkenntnis 7
Kapitel 2 | Religion und Toleranz 19
Kapitel 3 | Die Bibel – das Wort Gottes 32
Kapitel 4 | Ein Gott 44
Kapitel 5 | Jesus Christus 53
Kapitel 6 | Die christlichen Dogmen 64
Kapitel 7 | Theodizee 73
Kapitel 8 | Schöpfung und Geschichte 79
Kapitel 9 | Der Mensch – Geschöpf und Ebenbild 91
Kapitel 10 | Die Sonderstellung des Menschen 98
Kapitel 11 | Rechtfertigung und Ethik 109
Kapitel 12 | Gewissen 118
Kapitel 13 | Ethische Grundbegriffe 126
Kapitel 14 | Philosophische Ethik 134
Kapitel 15 | Biblische Ethik 145
Kapitel 16 | Die gesellschaftliche Verantwortung des Christen 158
Kapitel 17 | Christliche Hoffnung 171

Gebrauchsanweisung

Liebe Leserin, lieber Leser,

Was Sie hier vor sich haben, ist zwar ein Text, den man Kapitel für Kapitel »durchlesen« kann, aber sein eigentlicher Zweck ist doch der, als Lernhilfe in der Vorbereitungsphase für eine Abiturprüfung im Fach »Evangelische Religionslehre« bearbeitet zu werden.

Die modernen kompetenzorientierten Aufgaben der Abiturprüfung verlangen, dass man sein erworbenes Wissen in oft überraschende Problemzusammenhänge einbringt. Mit auswendig gelernten Sachverhalten ist es da nicht getan. Besonders im Fach »Evangelische Religionslehre« kommt es darauf an, ein Verständnis für die Fragestellungen und Lösungswege zu entwickeln, das auf neue Situationen übertragbar ist. Auf der anderen Seite kommt man auch hier ohne ein konkretes Sachwissen nicht aus. Der vorliegende Band bündelt das Wissen, das Sie in den letzten Jahren erworben haben und soll Ihnen dabei helfen, sich die wichtigsten Fragestellungen noch einmal klar vor Augen zu führen. Die Fragen zum Einstieg in die Kapitel weisen darauf hin. Im Darstellungsteil werden dann grundlegende Gedankengänge und Positionen formuliert, die für die Bearbeitung von Aufgaben aus diesen Bereichen relevant sind und in Variationen in Prüfungen auch immer wieder auftauchen.

Die Abfolge der 17 Kapitel orientiert sich am Bayerischen Lehrplan und an der Aufbereitung des Stoffs, wie sie im Lehrbuch *Kompetent evangelisch*, 10. bis 12. Jahrgangsstufe, vorgenommen wird. Auf nachlesenswerte, dort enthaltene Texte wird an den einschlägigen Stellen mit ▷ KE 10/11/12 und der Seitenzahl verwiesen. Wer mit einem anderen oder gar keinem Lehrbuch unterrichtet wurde, kann das *Abiturwissen* ohne diese Zusatzinfos aber ebenfalls mit Gewinn nutzen.

Ich wünsche Ihnen eine entspannte, weil effizient genutzte Vorbereitungszeit und eine glänzende Abiturprüfung in Ihrem Lieblingsfach »Evangelische Religionslehre«!

Max W. Richardt

Kapitel 1 | Wahrheit und Erkenntnis

> Was ist Wahrheit?
> Auf welchen Wegen gelangen Menschen zu sicherem Wissen (Wahrheit) über sich und die Welt, in der sie leben?
> Wie unterscheiden sich die Zugänge der Naturwissenschaftler von den philosophisch-theologischen Wegen zur Wahrheit?
> Warum erscheint das moderne, naturwissenschaftlich geprägte Alltagsbewusstsein oft als »atheistisch«?
> Wie begründen positivistisch eingestellte Philosophen ihre Ablehnung des Glaubens an Gott?

IMMANUEL KANT (1724–1804) formuliert die drei grundlegenden Fragen, die sich dem philosophischen Geist des Menschen stellen, folgendermaßen: *Was können wir wissen? – Was sollen wir tun? – Was dürfen wir hoffen?*

Erst wenn klar ist, wie zuverlässig und umfassend unsere Erkenntnis der Welt ist, kann man sich mit Skepsis oder Zuversicht an die Frage der Ethik herantrauen, worin unsere Aufgabe in diesem Leben besteht und welche Bestimmung unsere Existenz über das irdische Leben hinaus haben könnte. Die *Kritik der reinen Vernunft* (▷ KE 11, 9 f.), also die Untersuchung unserer Erkenntnismöglichkeiten, bildet für Kant die Basis aller Philosophie.

Die philosophische Disziplin der Erkenntnislehre (Epistemologie), die daraus hervorgeht, hat es mit der Frage zu tun, ob und inwieweit menschliche Wissenschaft in der Lage sein wird, ein zuverlässiges Bild der Welt zu erarbeiten, das dem Menschen eine sichere Orientierung in der Wirklichkeit gibt, weil er darauf vertrauen kann, dass ihre Resultate »wahr« sind.

*

Das beschriebene Problem kann man kurz so formulieren: Stimmen unsere Vorstellungen mit der Wirklichkeit an sich überein? Sind die Resultate der Wissenschaft demnach »wahr«?

Nach dieser ADÄQUATIO- ODER KORRESPONDENZ-THEORIE DER WAHRHEIT geht es um das Verhältnis der Wirklichkeit außerhalb unseres Kopfes zu den Bildern und Ideen, die davon in unserem Bewusstsein existieren. Entsprechen sie sich, so ist unsere Erkenntnis wahr. *(adaequatio re et intellectus)*

Innere Vorstellung, Bild	▷	Adäquatio Korrespondenz	◁	Äußerer Gegenstand, Sache

Das Problem dieser Auffassung wird nur allzu schnell deutlich: In welcher Weise kann ein vorgestelltes Objekt, das nur als Bewusstseinsinhalt existiert, einem »realen Sachverhalt« entsprechen und aus welcher Perspektive könnte man die Übereinstimmung, Ähnlichkeit oder Nicht-Übereinstimmung feststellen? Die Möglichkeit zum Vergleich der beiden Seiten setzt voraus, dass es einen – irgendwie direkten – Zugang zu den Gegenständen gibt, der nicht derselbe ist, wie die ja erst zu überprüfende menschliche Wahrnehmung. Über eine solche Möglichkeit zur Überprüfung scheint der Mensch aber nicht zu verfügen.

*

Dieser grundlegende Zweifel an der Wahrheitsfähigkeit der menschlichen Erkenntnis überhaupt begleitet das abendländische Denken und Forschen von allem Anfang an. In PLATOS (428/427–348/347 v. Chr.) berühmtem HÖHLENGLEICHNIS (▷ KE 11, 8) macht der Philosoph den »Realisten« klar, dass ihr Glaube, die Welt sei wenigstens in etwa so, wie sie sich unseren Sinnen darstellt, eine durch nichts zu belegende haltlose Annahme ist. Denn der gefesselte Betrachter der Schattenbilder kann nicht überprüfen, ob und inwieweit seine Wahrnehmung die Wirklichkeit verfälscht, verzerrt oder überhaupt erst erzeugt.

In derselben misslichen Lage wagt KANT eine KOPERNIKANISCHE WENDE. Wenn seit Plato gefragt wurde, wie ähnlich unsere Wahrnehmung und die daraus resultierenden Vorstellungen den realen Dingen sein können, so beendet er diese unsichere Diskussionslage und stellt das Problem entschlossen vom Kopf auf die Füße.

> Bisher nahm man an, alle unsere Erkenntnis müsse sich nach den Gegenständen richten. Man versuche es daher einmal, ob wir nicht in den Aufgaben der Metaphysik[1] besser fortkommen, wenn wir annehmen, die Gegenstände müssen sich nach unserer Erkenntnis richten.[2]

Der zunächst verblüffend klingende Satz macht Ernst mit der Einsicht, dass zwischen den Gegenständen und uns eine unüberwindliche Trennung besteht. Unser Erkenntnisvermögen, also die sinnliche Wahrnehmung und das rationale Denken, sind der einzige Weg, etwas über die Welt zu

---

[1] Metaphysik, hier: Nachdenken über die Begründung von menschlicher Wissenschaft.
[2] Immanuel Kant; Vorrede zur *Kritik der reinen Vernunft*.

erfahren. Daher müssen sich die Gegenstände, wenn sie uns überhaupt »erscheinen«, nach dieser unserer Erkenntnisweise richten.

Die Gegenstände, von denen wir sprechen, über deren Eigenschaften wir uns austauschen und die von unserer Wissenschaft erforscht werden, sind stets Konstruktionen unseres Erkenntnisvermögens. Das DING AN SICH, die Wirklichkeit, unabhängig von der Art, wie Menschen sie wahrnehmen, ist uns nicht zugänglich. Das ist einerseits trivial, weil wir nun mal nicht aus unserer Haut herausschlüpfen können, andererseits aber auch sehr ernüchternd, denn die Frage nach Wahrheit muss nun viel bescheidener gestellt werden.

*

Für die Wissenschaft haben diese Einsichten dazu geführt, dass man weitere Kriterien für das Zutreffen von Aussagen gewinnen wollte und deshalb neue Wahrheitstheorien aufgestellt hat:

Wahrheit kann für den Gebrauch in den Wissenschaften ganz pragmatisch bestimmt werden, indem man feststellt, dass alles Gültigkeit haben soll, was die überwiegende Mehrzahl der Experten auf dem in Frage stehenden Gebiet für plausibel hält (KONSENS-WAHRHEIT) und was zu den bisher gefundenen und allseits akzeptierten Erkenntnissen passt (KOHÄRENZ-WAHRHEIT) oder ihnen zumindest nicht grundlegend widerspricht.

Ein neuer Ansatz, »Wahrheit« zu definieren, ergab sich aus der Evolutionstheorie. Alle Lebewesen suchen nach der »Wahrheit« – einfach indem sie leben und die verschiedensten Strategien entwickeln, um am Leben zu bleiben. Ihre Versuche zeitigen Erfolge oder Misserfolge, je nachdem, ob sie die Bedingungen ihrer Umwelt zutreffend und effektiv einbeziehen oder nicht. Jeder Erfolg, jedes Überleben beinhaltet also eine »Wahrheit«. Natürlich geschieht das nicht in dem Sinne, dass diese Wahrheit in jedem Falle zu einem Bewusstseinsinhalt, einem verfügbaren Wissen würde. Die Lebewesen kommen zu unbewussten Wahrheiten, die in ihren Körpern, in ihren Verhaltensprogrammen und in ihren Genen gespeichert sind. In der Konstruktion des Auges stecken viele Erkenntnisse über die optische Beschaffenheit der Wirklichkeit, also Wahrheiten, – was aber nicht bedeutet, dass die vom Auge erzeugten Bilder realistische Abbildungen wären.

*

Was die Menschen und ihr Wissen anbelangt, so bezeichnet man ihre gedanklichen Konstruktionen besser als »viabel«, also erfolgreich und passend, denn als »wahr«. Das Entscheidende ist, dass die wissenschaftlichen Resultate einen gangbaren Weg vorzeichnen, also »funktionieren«. Eine uninteressierte, nicht vom Motor des Überlebenswillens gesteuerte, sozusagen »reine« Erkenntnis der Wirklichkeit gibt es aus dieser Perspektive überhaupt nicht, weil alle Organe der Wirklichkeitserfassung im Wettstreit um die Anpassung und das Überleben entstanden und allein dadurch geformt sind.

Diese EVOLUTIONÄRE oder KONSTRUKTIVISTISCHE ERKENNTNISTHEORIE gibt den kritischen Philosophen wie Platon und Kant darin Recht, dass Menschen keine wahre Erkenntnis über ihre Wirklichkeit gewinnen können, wenn damit gemeint sein soll, dass die vorgestellte Welt und die reale Welt in irgendeinem Sinne übereinstimmen. Die Welt im Kopf ist immer eine aktive, kreative Konstruktion eines Lebewesens, das durch ein Modell Orientierung im Verhalten und damit letztlich Überlebensvorteile gewinnen will. »Wahr« – allerdings in einem eingeschränkten Sinn – ist diese konstruierte, fantasierte Welt dann, wenn das auf ihr basierende Verhalten erfolgreich ist. Darüber hinaus hat es keinen Sinn, von Wahrheit zu sprechen.

*

Für die Naturwissenschaften waren diese erkenntniskritischen Gedanken ebenso bedeutungsvoll wie für die Philosophie und die Religion. Wenn der Mensch die Wirklichkeit, in der er lebt, grundsätzlich nicht »wahr« erkennen kann, dann gibt es auch keinen wissenschaftlich begründbaren Weg, um etwas über den Sinn der Welt oder den Wert und die Bestimmung des menschlichen Lebens herauszufinden. Kant lehnt deshalb alle Gottesbeweise (▷ KE 11, 11) von vornherein ab, weil sie genau das versuchen und damit das menschliche Erkenntnisvermögen auf unzulässige Art überziehen. Eine Wissenschaft von Gott ist dem Menschen nicht möglich, was aber die Religion in keiner Weise überflüssig macht, sondern ihr nur den richtigen Platz zuweist:

Ich musste ... das Wissen aufheben, um zum Glauben Platz zu bekommen[3]

Damit wird betont, dass (Natur-)Wissenschaft und Glaube auf verschiedenen Wegen zu ihren Erkenntnissen gelangen.

Wissenschaftliche Aussagen müssen sich auf Erfahrungen gründen und diese vernünftig ordnen. Sie erreichen zwar nicht die Wirklichkeit

---

3   Immanuel Kant, Kritik der reinen Vernunft, Vorrede zur 2. Auflage, 1787, I 37– Rc 32.

(das »Ding an sich«), aber sie können die menschlichen Wahrnehmungen prüfen und die Gesetzmäßigkeiten in dieser Welt der »Erscheinungen« feststellen. Die Wahrheit ihrer Aussagen liegt letztlich im Konsens, Kohärenz (s. o.) und im technischen Erfolg.

Die Aussagen des Glaubens stammen – nach dem Selbstverständnis des Christentums – nicht aus der Aktivität der menschlichen Erkenntnisfähigkeit, sondern aus der rein passiven Aufnahme einer Mitteilung von außen: der Urgrund der Welt – Gott – offenbart sich. Die Wahrheit der Offenbarung Gottes ist aus der menschlichen Vernunft weder ableitbar, noch im Nachhinein beweisbar. Sie kann nur in einem Akt des Vertrauens angenommen, also geglaubt werden.

Andere Religionen, wie etwa der Buddhismus, die keinen sich offenbarenden Gott kennen, reklamieren eine andere, ebenfalls »nicht-wissenschaftliche« Erkenntnisquelle: die Erleuchtung eines Menschen, dem sich eine vorher verborgene Tiefendimension erschließt.

*

Um den Streit zwischen dem naturwissenschaftlich-technischen und dem philosophisch-theologischem Zugang zur Wirklichkeit zu entschärfen, wurde von Stephen J. Gould der sogenannte NOMA-Vorschlag gemacht. Der Name ist Programm, denn er leitet sich von »Non-Overlapping-Magisteria« (= sich nicht überschneidende Wissensbereiche) ab und geht davon aus, dass Naturwissenschaftler und Philosoph sich zueinander verhalten wie zwei mit dem Rücken aneinander gefesselte Beobachter, die jeweils ein unterschiedliches Stück der Realität vor sich haben. Sie können einander über ihre Beobachtungen berichten, aber sie können nicht miteinander in Streit geraten. Ebenso verhält es sich mit der Naturwissenschaft, deren Beobachtungsfeld die Fragen nach dem »Wie« der Naturvorgänge sind, und dem Philosophen, der nach dem »Warum« fragt. Wissen und Verstehen, Fakten und Sinn, kausale Vorgänge und ethische Bewertungen müssen nicht in direkter, sich gegenseitig ausschließender Konkurrenz oder im Widerspruch zueinander stehen. Es kommt allerdings darauf an, dass die verschiedenen Disziplinen ihre eigenen methodischen Grenzen kennen und ihre Kompetenzbereiche nicht überschreiten.

*

Dieses Trennungsmodell scheint erfolgreich Frieden stiften zu können, aber es bleiben doch einige Fragen. Insofern jeder Naturwissenschaftler auch Mensch ist und in seinem Leben denselben existenziellen Grundfragen ausgesetzt ist, bleibt die vollständige Trennung eine Fiktion. Ebenso kann man sagen, dass der Philosoph in einer von Naturwissenschaft und Technik durch und durch geprägten Gesellschaft lebt und nicht einfach davon absehen kann, dass das moderne, säkulare Wirklichkeitsverständnis einen grundlegend atheistischen Zug aufweist. Insofern ist ein Streit um das richtige Verständnis von »Wirklichkeit« eventuell nicht zu vermeiden.

Wird dem Glauben und der Theologie vorgeworfen, sie entferne sich von der Wirklichkeit und gleite ab in eine Fantasiewelt, so wird dem naturwissenschaftlichen Denken vorgehalten, dass es die Wirklichkeit auf das Messbare und in Gesetzen Erfassbare reduziere. Ein vom Glauben geprägtes Bild der Wirklichkeit wird sich immer dadurch auszeichnen, dass die Wirklichkeit als von Gott gesetzte Welt des Menschen umfassender gedacht wird als ihre durch die Naturgesetze beschreibbare Seite. Weiterhin sieht ein christliches Bild der Wirklichkeit den Menschen als Teil des Schöpfungsgefüges an und nicht in einem strikten Gegenüber zur Natur, wie es die objektivierende Wissenschaft nahe legt.

Die Wirklichkeit ganz »neutral-objektiv«, d. h. ohne Gott als ihren Schöpfer zu denken, ist die methodische Voraussetzung der Naturwissenschaft. Der Glaube fordert aber dazu auf, diese vom Menschen gesetzte Perspektive auf die Natur, auf die Mitgeschöpfe und letztlich auch auf sich selbst immer wieder bewusst aufzuheben. Als Schöpfung gewinnt die Wirklichkeit eine Tiefen- und Wertdimension, die dem naturwissenschaftlichen Blick verschlossen bleibt, für uns Menschen aber notwendig ist, um unser Leben sinnvoll gestalten zu können.

Theologen weisen darauf hin, dass die Naturwissenschaft ein schier unendliches Detail- und Faktenwissen auftürmt, ohne damit den Menschen eine klare Orientierung geben zu können, und so die Explosion menschlichen Wissens eher zur Desinformation, Verwirrung und Verunsicherung führt.

Der Philosoph LUDWIG WITTGENSTEIN (1889–1951) resümierte:

> Wir fühlen, dass selbst, wenn alle möglichen wissenschaftlichen Fragen beantwortet sind, unsere Lebensprobleme noch gar nicht berührt sind.[4]

*

---

4   Ludwig Wittgenstein, Tractatus logico-philosophicus, London 1922, 6.52.

Die Konkurrenz der sog. exakten (Natur-)Wissenschaften und der Geisteswissenschaften, wie sie im 19. und 20. Jahrhundert ihren Höhepunkt hatte, führte zu immer neuen Versuchen, diese beiden unterschiedlichen Erkenntnissysteme aufeinander zu beziehen.

Der POSITIVISMUS fordert etwa, dass menschliche Erkenntnis sich auf das »positiv« Gegebene, also letztlich auf die Sinneswahrnehmung und ihre Interpretation beschränken solle. Der Begründer dieser philosophischen Richtung, AUGUST COMTE (1798–1857), teilte die Entwicklung der menschlichen Wissenschaft in drei Stadien ein, das »theologische« am Anfang der geschichtlichen Kulturen, das »metaphysische« als philosophische Weiterentwicklung und schließlich das »positive Stadium«, in dem sich durch den wissenschaftlichen Fortschritt eine freie menschliche Gesellschaft etabliert. Die Überwindung der durch die Religion und der von ihr abhängigen Weltsicht gesetzten Schranken macht den Weg frei für eine glückliche Zukunft der Menschheit ohne Aberglauben und religiöse Vernebelung der Tatsachen.

Das Programm der Positivisten gab Kant darin Recht, dass über eine materielle Außenwelt keine Aussagen gemacht werden können. Deshalb verzichtet man konsequent auf jede METAPHYSIK, in dem Sinne, dass man die Religion ebenso ablehnt wie den Materialismus, der alles aus den Gesetzen der Materie erklären möchte.

Grundlage aller wissenschaftlichen Aussagen sind die Sinnesdaten und ihre Interpretation durch den menschlichen Verstand. Dabei geben die Positivisten derjenigen Interpretation den Vorzug, die mit den einfachsten denk-ökonomischen Begriffen und Modellen arbeitet. Daher spielt in dieser Philosophie Gott, Transzendenz und Glaube keine Rolle. Alles, was der Glaube an Begriffen anbietet, liegt in einem Bereich, in dem keine sinnvollen Aussagen möglich sind. Ob es Gott gibt und wie er sich zum Menschen verhält, sind »Scheinprobleme«, denn so wie die Gläubigen Gott verstehen, entzieht er sich der eindeutigen Beobachtung und stellt daher eine überflüssige, nichts erklärende, aber vieles verkomplizierende Theorie dar (▷ KE 11, 17).

Man kann den Positivismus in diesem Sinne als einen an der Naturwissenschaft orientierten AGNOSTIZISMUS ansehen, der sein Hauptaugenmerk nicht auf den Erweis der Nicht-Existenz Gottes legt (ATHEISMUS), sondern der Glaubensaussagen als nicht relevant ignorieren möchte (▷ KE 11, 15 f.).

Gott existiert mit ziemlicher Sicherheit nicht.[5]

---

5   Richard Dawkins, Der Gotteswahn, Berlin 2008, S. 223.

*

Der folgenreichste Versuch, die Religion nicht nur beiseite zu schieben, sondern als Quelle aller Irrtümer zu bekämpfen, findet sich im Werk LUDWIG FEUERBACHS (1804–1872). Seine Grundgedanken (▷ KE 11, 12 f.) wurden von vielen religionskritischen Denkern aufgenommen und fanden in vergröberter Form auch Eingang ins Bewusstsein einer breiten Masse. Feuerbachs Philosophie ist wie der Positivismus von zwei Grundüberzeugungen getragen:
- Wirklich ist nur, was durch die Sinne erfahren und naturwissenschaftlich erforscht werden kann
- In der Menschheitsgeschichte ist ein Fortschritt erkennbar, der von den dunklen Anfängen in Aberglauben und Religion zur lichten Klarheit einer menschlichen Gesellschaft in Freiheit und Wissen führt

Da Gott kein Bestandteil der sinnlich erfahrbaren, dinglichen Wirklichkeit ist, zieht Feuerbach den Schluss, dass Gott nur eine – immer wieder auftretende – Vorstellung des Menschen sein kann, deren Entstehung aus der besonderen Verfassung des menschlichen Geistes zu erklären sein muss. Feuerbach will die Religion zerstören, indem er ihre Wurzeln offenlegt. Er geht davon aus, dass in jedem Menschen ein Bewusstsein vom Unendlichen und Vollkommenen existiert, das in der Realität des konkreten Lebens überall an schmerzhafte Grenzen stößt. Aus dem Leiden des Menschen an seiner endlichen Welt entsteht der Traum von einer Welt ohne Schmerz und Tod und von einem vollkommenen, grenzenlosen Wesen in ihrem Zentrum: Gott. Die Gottesvorstellung ist daher inhaltlich identisch mit den menschlichen Wünschen, die aus den Einengungen der menschlichen Natur hervorgehen. Diese sogenannte PROJEKTIONSTHESE besagt, dass die menschliche Vorstellung von Gott dadurch entsteht, dass der Mensch sein ideales Selbst, das notwendige Ziel seiner Wünsche, in einer selbstständigen, fremden Person – Gott – realisiert sieht. Gott ist also kein unabhängig existierendes Wesen, sondern ein notwendiger Gegenstand des menschlichen Bewusstseins. Es kann nur darum gehen, diese von innen nach außen gehende Projektion zu erkennen und durch die Erkenntnis aufzuheben. Im fiktiven Gott soll der Mensch seine realen eigenen Möglichkeiten wahrnehmen.

*

Die Entzweiung des Menschen mit sich selbst, wie sie – nach Feuerbach – in der Religion ihren Ausdruck findet, hat zwei negative Tendenzen:
- Zum einen wird durch diese Trennung Gott immer reicher und der Mensch immer ärmer. Das Selbstbewusstsein des Menschen, seine Tatkraft und sein Mut werden unterhöhlt, weil er sein Heil nicht mehr von sich selbst erwartet und resigniert. Der Gottesglaube entwertet das reale Leben zugunsten einer leeren Illusion. Erst die Vernichtung dieses passiv machenden Irrtums befreit den Menschen dazu, seine Wirklichkeit zu erkennen und aktiv zu gestalten.
- Zum anderen wird dem Menschen die natürliche Welt, in die er mit seinem Körper gehört, unwichtig und verächtlich. Das, was zu seiner konkreten irdischen Gestalt gehört, erscheint ihm als das Grundübel, das ihn von der Erfüllung seines Ewigkeitstraums abhält. Die Natur und der Leib werden abgewertet zugunsten des scheinbar Göttlichen, Geistigen, Höheren. Die Religion bringt auf diese Weise eine zwangsläufige Tendenz zur Leibfeindlichkeit und selbstquälerischen Askese hervor. Nur das Aufdecken dieses Irrtums bringt den Menschen als Körperwesen zurück zu sich selbst und setzt die Natur wieder in ihre Rechte ein. Wenn sich das unverdorbene Wesen der Menschen frei entwickeln kann, so glaubt Feuerbach, dann wird der Mensch auch die Güte, Liebe und Bereitschaft zum Mitleiden, die der Christ bisher seinem Gott zugeschrieben hat, in sich selbst vorfinden und zu echter Humanität gelangen. Der Idealmensch kann in sich Natur, Herz und Verstand zu einer harmonischen Einheit verbinden. Allerdings ist dieses Ziel wahrer Humanität nicht für den einzelnen konkreten Menschen erreichbar; vielmehr muss dieser sich als Teil der Gattung Mensch verstehen, die für ihn an die Stelle Gottes rückt.

Den Gottesglauben ersetzt Feuerbach durch den Glauben des Menschen an sich selbst, in der Form des Vertrauens auf die unerschöpflichen Möglichkeiten des Menschengeschlechts und seiner Geschichte. So versteht er die theologischen Aussagen über Gott als Aussagen über die Zukunft der Menschheit. Die Theologie erscheint ihm als eine Wissenschaft von den Zielen echter Humanität, die jedoch einem grundlegenden Irrtum über ihr Untersuchungsobjekt unterliegt: Was sie über Gott zu sagen meint, betrifft in Wirklichkeit den Menschen.

*

Die Religionskritik Feuerbachs fand und findet große Beachtung, auch wenn aus heutiger Sicht sein allzu optimistischer Fortschrittsglaube und sein Vertrauen in die rationalen und ethischen Kräfte der Menschheit einigermaßen erschüttert sind.

Vonseiten der Philosophie wurde festgestellt, dass die Behauptung, die Religion sei eine Illusion, weil sie genau auf die natürlichen Wünsche des Menschen passt, zwar recht plausibel klingt, aber letztlich ohne Beweiskraft und logisch nicht zu halten ist: Denn es ist ganz richtig, dass darum, weil man es wünscht, etwas noch nicht existiert, aber es ist nicht richtig, dass darum etwas nicht existieren könne, weil man es wünscht (Nicolai Hartmann).

*

KARL MARX (1818–1883) hat die Religionskritik Feuerbachs übernommen, aber er kritisiert, dass dieser auf seinem Weg, den Menschen aus den Illusionen des Bewusstseins auf die natürlichen Tatsachen zurück zu führen, zu früh stehen geblieben sei. Marx kritisiert das abstrakte, illusionäre Menschenbild Feuerbachs. Mit Feuerbach betont Marx:

> Der Mensch macht die Religion, die Religion macht nicht den Menschen.[6]

Anders als dieser erklärt er aber das religiöse Bewusstsein nicht aus einer zeitlosen Natur des Menschen, sondern aus der verzweifelten Lage der Menschen in der kapitalistischen Gesellschaft. Die Frustrationen, die für die religiösen Traumwelten ursächlich sind, entstehen durch die ungerechten und zerstörerischen Verhältnisse in einer Gesellschaft, in der nur der Profit regiert: Das Bewusstsein der Menschen entwickelt sich stets als Folge der konkreten gesellschaftlichen Zustände. In der trostlosen Situation der Arbeiter in der zweiten Hälfte des 19. Jahrhunderts wird die Religion zum OPIUM DES VOLKES, das dazu verhilft, Not und Elend zu verschleiern, es durch die Hoffnung auf ein besseres Jenseits erträglich zu machen und es gar als Prüfung durch Gott zu rechtfertigen.

Für Marx ist die Ursache der Religion nicht in der allgemeinen Endlichkeit und Begrenztheit des menschlichen Wesens zu suchen, sondern vielmehr in der konkreten, gesellschaftlich bedingten Unterdrückung des Menschen in einer bestimmten historischen Situation (▷ KE 11, 77). Seine Untersuchung der gesellschaftlichen Verhältnisse zeigt ihm, dass die kapitalistische Produktionsweise im Zusammenhang mit fortschreitender Arbeits-

---

6   Karl Marx. Zur Kritik der Hegelschen Rechtsphilosophie, Einleitung, 1844.

teilung die arbeitenden Menschen von ihren Produkten und damit auch von sich selbst ENTFREMDET. In diesen von ihm kritisierten gesellschaftlichen Zuständen sieht er die Ursache dafür, dass sich Menschen in der Religion eine bessere Welt erträumen. Feuerbach wirft er vor, die Augen vor den wahren Ursachen zu verschließen und von einem abstrakten »Wesen des Menschen« zu sprechen, das nur zur Vernebelung beiträgt. Der Mensch ist als gesellschaftliches Wesen das Produkt der gesellschaftlichen Verhältnisse. Ihm kann nicht durch moralische Appelle und aufgeklärte Gedanken geholfen werden. Es gilt, das Übel bei der Wurzel zu packen, und das kann nur durch die praktische Umgestaltung der Gesellschaft geschehen:

> Die Philosophen haben die Welt nur verschieden interpretiert; es kommt darauf an, sie zu verändern.[7]

*

Der moderne Massenatheismus in Europa ist zwar auf eine ganze Reihe verschiedener Faktoren zurückzuführen, wie auf die Unterdrückung des Glaubens in den früher kommunistisch regierten Staaten Osteuropas, den Lebensstil in den kapitalistischen Gesellschaften, die Unzulänglichkeiten der Kirchen etc.: Entscheidend für die Abkehr vieler Menschen vom christlichen Glauben ist jedoch die meist unspektakuläre, aber unaufhaltsame Durchsetzung eines naturwissenschaftlich geprägten Weltbildes im Bewusstsein des modernen Menschen. Die Naturwissenschaften rücken dabei – gewollt oder ungewollt – in die Rolle eines Welterklärungssystems ein, das den Glauben an die Schöpfungs- und Erhaltungsmacht Gottes zunehmend überflüssig und unglaubwürdig macht.

Der erste Schritt auf diesem Weg wird in der Entwicklung des KAUSAL-MECHANISTISCHEN WELTBILDES durch die Physik des 18. und 19. Jahrhunderts getan. Auf der Grundlage der Gesetze ISAAK NEWTONS (1642/43–1726/27) erscheint die Welt aus vier absoluten Größen aufgebaut: einem unendlichen Raum, der gleichförmig fließenden Zeit, der aus kleinsten Urbausteinen zusammengesetzten Materie und den ewigen Naturgesetzen, die alle Veränderungen determinieren. Ein solcher ewiger Kosmos scheint aus sich selbst bestehen zu können und räumt der menschlichen Naturwissenschaft die Möglichkeit ein, jeden Augenblick in seinem Ablauf, sei es im Kleinsten oder im Größten, voraus- oder zurückzuberechnen, wenn nur seine inneren Gesetze hinlänglich bekannt sind. Die Hypothese

---

7   Karl Marx, Thesen über Feuerbach, in: *Deutsche Ideologie*, 1845/46.

GOTT als Erklärung für sein Bestehen und Funktionieren ist entbehrlich geworden, als mögliche Rechtfertigung für Eingriffe in das Weltsystem von außen – als »Wunder« – ist sie sogar störend.

Ein zweiter Schritt ergibt sich durch den Siegeszug des von CHARLES DARWIN (1809–1882) begründeten DARWINISMUS. Diese zunächst rein biologische Theorie eröffnet der Naturwissenschaft die Möglichkeit, einen Blick in die Entstehungsgeschichte der Lebewesen zu tun und dabei festzustellen, dass auch hier das Naturgesetz zur Erklärung der Lebenswelt ausreicht und kein Rückgriff auf einen außerweltlichen Schöpfergott notwendig ist.

Ein dritter Schritt wird durch die Erforschung der menschlichen Psyche und der unbewussten Antriebskräfte und Mechanismen getan. Die PSYCHOANALYSE versteht das Seelenleben des Menschen als Regelkreis verschiedener Instanzen, die, einmal aus dem Gleichgewicht geraten, durch Zurückverfolgen der Fehlentwicklung und kundige Eingriffe des Arztes wieder in die Normalverfassung gebracht werden können. Die Gehirnphysiologie untersucht das menschliche Gehirn mittels verfeinerter modernster Techniken, um dem Zusammenhang zwischen dem physikalischen Geschehen und der Bewusstseinsaktivität auf die Spur zu kommen. Die Gottesvorstellung könnte demnach als psychisches Phänomen lokalisiert und damit naturwissenschaftlich neutralisiert werden.

*

Zu Beginn des 21. Jahrhunderts stellt sich die Situation so dar, dass der philosophisch-argumentative Atheismus fast vollständig verschwunden ist und einer religionslosen Gegenwartskultur Platz gemacht hat. Religiöse Motive und Symbole werden für die Alltagskultur von ihren ursprünglichen Inhalten befreit und als Spielmaterial in der Werbung und zu uneingeschränkter kultureller Vermarktung und Konsum freigegeben. Bedeutsame Elemente aus der Geschichte des christlichen Glaubens landen in der Rumpelkammer nur noch museal bedeutsamer Zeichen oder werden in Travestien ihres Gehaltes beraubt.

Daneben manifestiert sich in den letzten Jahren ein denunziatorischer Atheismus mit US-amerikanischen Wurzeln. Die dortige Auseinandersetzung zwischen aggressiven Darwinisten und nicht weniger heftigen und fundamentalistischen Verfechtern des INTELLIGENT DESIGN führt zu einem publizistischen Schlagabtausch, in dem die atheistischen Vertreter oft ohne zu lange und komplizierte Erklärungen dazu übergehen, Religionen insgesamt als infantile Verirrung unvernünftiger Menschen zu brandmarken. (vgl. Kapitel 8: Schöpfung und Geschichte).

Kapitel 2 | Religion und Toleranz

Was ist Religion?
Mit welchen Methoden kann man wissenschaftliche Erkenntnisse über diesen Gegenstand gewinnen?
Wie denken christliche Theologen über die anderen Religionen?
Wie wurde der Toleranzgedanke in der Aufklärung entwickelt?
Welche Veränderung des Glaubens brachte das mit sich?
Lässt sich der Absolutheitsanspruch des Christentums heute noch vertreten?

Was ist Religion? Die banal erscheinende Frage ist nicht einfach zu beantworten, weil es bei der unüberschaubaren Vielzahl der Phänomene, die – in irgendeinem Sinne – als »religiös« eingestuft werden, kaum möglich ist, das Verbindende, spezifisch »Religiöse« präzise zu benennen. Insofern sind die Grenzen des Religionsbegriffs nach mehreren Seiten hin offen und fließend.

Andererseits scheint die Erforschung menschlicher Kulturen bis in die früheste Vorgeschichte hinein überall Anhaltspunkte für das Vorhandensein von religiösen Elementen zu liefern, sodass der Schluss nahe liegt, Religion gehöre zum Menschsein.

Trotzdem gibt es keine wissenschaftliche, allgemein anerkannte Definition von Religion, weil jeder Definitionsversuch schon eine bestimmte Deutung beinhaltet, die von anderen abgelehnt wird. So ist z. B. umstritten, ob der Begriff so gefasst werden soll, dass Angehörige von Religionen ihr Selbstverständnis darin wiederfinden sollen oder ob es gerade um einen neutralen und von unabhängiger, nicht-religiöser Warte aus formulierten Begriff geht. Dahinter steht die Frage, ob nur ein Gläubiger wirklich verstehen kann, was Religion ist oder ob nur ein objektiv-neutraler Wissenschaftler das Phänomen richtig erfasst.

*

Einen Überblick gewinnt man in dieser etwas uneinheitlichen Diskussionslage, wenn man die verschiedenen Herangehensweisen, Perspektiven und Methoden der RELIGIONSWISSENSCHAFTEN miteinander vergleicht (▷ KE 10, 41). Es lassen sich eine Reihe von Unterdisziplinen nennen:

Die RELIGIONSPHILOSOPHIE versucht, das Wesen der Religion zu erfassen. Vorausgesetzt ist dabei, dass es ein alle empirischen Religionen – »die Religion« – in gleicher Weise bestimmendes Grundelement gibt, das dann wohl als in der Natur des Menschen verankert gedacht werden muss. Dies kann zu einer positiven Bewertung der Religion führen, ist aber auch als Kritik am »falschen Wesen« der Religion denkbar (z. B. bei L. Feuerbach).

Die verschiedenen Wesensdefinitionen berühren stets das Wesen des Menschen als HOMO RELIGIOSUS:

Religion ist ...
... der Sinn und Geschmack fürs Unendliche (Friedrich Schleiermacher)
... das Ergriffensein von dem, was uns unbedingt angeht (Paul Tillich)
... die Suche nach dem absoluten Geheimnis (Karl Rahner)

Die Untersuchung religiöser Aussagen mit dem philosophischen Instrumentarium daraufhin, ob sie als plausible und produktive Deutungen der Wirklichkeit standhalten, kann auch zu einem grundlegend negativen Ergebnis gelangen und insofern in die RELIGIONSKRITIK münden.

*

Die RELIGIONSPHÄNOMENOLOGIE ist eine vergleichende Betrachtung religiöser Erscheinungsformen und versteht sich meist als »transzendenzoffen«, d. h. sie bestimmt Religion nicht von vornherein als nur menschliche Aktivität, sondern zieht in Betracht, dass es in der Religion um Begegnungsformen zwischen dem Menschen und einer jenseitigen Sphäre geht. Je nach der Art und Weise des Transzendenzbezugs entsteht so eine RELIGIONSTYPOLOGIE, z. B. in den Oppositionen von »prophetischen Religionen« und »Weisheitsreligionen«, oder »ethnischen Religionen« und »Universalreligionen«.

Davon unterschieden ist der Ansatz der RELIGIONSGESCHICHTE, die bei einer ähnlichen Betrachtungsweise jedoch den sozialen, historischen und kulturellen Kontext der Religionen stärker berücksichtigt. Sie untersucht z. B. die ersten Anfänge des Animismus in der menschlichen Kulturgeschichte und versucht von dort Entwicklungslinien über den Polytheismus zu monotheistischen Religionen nachzuzeichnen.

*

Daneben gibt es Spezialdisziplinen wie die RELIGIONSSOZIOLOGIE, die sich mit den sozialen Folgen und Funktionen einer Religion beschäftigt.

Die Zugehörigkeit zu einer Glaubensgemeinschaft kann z. B. ein starkes Element in der SOZIALISATION darstellen. Beispiel: Türkische Jugendliche in Deutschland beziehen sich im Vergleich zu ihrer Elterngeneration in den letzten Jahren wieder stärker auf den Islam, weil die Zugehörigkeit zur islamischen Gemeinde den Zusammenhalt und eine positive Identität stärkt und dem Einzelnen in einem rauen gesellschaftlichen Gesamtklima Rückhalt und Sicherheit gibt.

Die Religion ist der Bereich der Gesellschaft, in dem Sinnfragen gestellt und beantwortet werden. Die Religionssoziologie betrachtet deshalb die KONTINGENZBEWÄLTIGUNG als eine der wichtigsten gesellschaftlichen Funktionen von Religion. Dabei geht es darum, dass die schicksalhaften Ereignisse auf dem Lebensweg jedes Menschen wie Krankheit, Jobverlust, Unfall, Scheidung, Tod in irgendeiner Weise tragbar gemacht werden müssen. Die Religionen bieten Rituale und Sinnerklärungen an, die dem Einzelnen die Bewältigung existenzieller Krisensituationen erleichtern und erfüllen so eine wichtige gesellschaftliche Funktion (▷ KE 11, 74 f.).

Seit langem diskutiert die Religionssoziologie darüber, wie die Veränderungstendenzen in der religiösen Landschaft richtig zu beschreiben sind. Der Bedeutungsverlust des Religiösen wurde als unaufhaltsame und dem Charakter der Neuzeit angemessene SÄKULARISIERUNG bezeichnet. Gegen diese These regt sich aber Widerstand. Eher scheint es heute so, dass in modernen Gesellschaften die Religion einem Prozess der INDIVIDUALISIERUNG unterliegt, weil verbindende Organisationen wie die Kirchen an Kraft verlieren.

Neu sind auch die Entwicklungen die durch das Phänomen der Globalisierung für die Religionen eingetreten sind: Früher geschlossene und religiös einheitliche Milieus lösen sich auf, auch zunächst in der Gesellschaft nicht heimische Religionen (Islam, Buddhismus) treten als Konkurrenten auf und zwischen den Religionen kommt es zu Reaktionen sowohl der Vermischung (Synkretismus, Ökumenismus, Patchwork), als auch zu Abgrenzung und Isolation in einem aufkeimenden FUNDAMENTALISMUS. Diese letztere Entwicklung, von der Religionssoziologie als Pluralismus- oder Modernitätsverweigerung beschrieben, scheint in verschiedenen Religionen ganz ähnliche gesellschaftliche Wurzeln zu haben.

Eine stetig wachsende Bedeutung kommt in diesem Zusammenhang statistischen Erhebungen zu, die das Zahlenmaterial für die Interpretation gegenwärtiger gesellschaftlicher Trends liefern (z. B. Shell-Jugendstudie, Bertelsmann-Religionsmonitor; (▷ KE 11, 80)).

*

Die RELIGIONSPSYCHOLOGIE untersucht die Auswirkungen der Religionszugehörigkeit auf die individuelle psychische Situation von Gläubigen. In diese letzte Forschungsrichtung gehören die Arbeiten von LAWRENCE KOHLBERG (1927–1987) und JAMES W. FOWLER (*1940), die versuchen, eine Theorie darüber aufzustellen, nach welchen Gesetzmäßigkeiten sich die Entwicklung eines gläubigen Menschen auf seinem Lebensweg vollzieht – unabhängig von den Glaubensinhalten. (Die rein empirischen religionswissenschaftlichen Disziplinen klammern die Wahrheitsfrage hinsichtlich der Aussagen einer Religion ausdrücklich aus.) Dabei werden mit Hilfe von breit angelegten Interviews durch Vergleich Stufenmodelle entwickelt, die allgemeine Gültigkeit beanspruchen. Am verbreitetsten ist das folgende Modell (▷ KE 11, 78 f.):
- *Primärer Glaube:* Urvertrauen des Säuglings,
- *Intuitiv-projektierender Glaube:* kindliche Vorstellung lebensbestimmender Mächte,
- *Mythisch-wörtlicher Glaube:* Logisch-kausale Ordnung der Symbolwelt,
- *Synthetisch-konventioneller Glaube:* Individuelle Aneignung der Glaubensinhalte im Jugendalter,
- *Individuell-reflektierender Glaube:* Kritische Überprüfung konventioneller Inhalte,
- *Verbindender Glaube:* Deutungen der eigenen Lebensgeschichte durch Symbole,
- *Universalisierender Glaube:* Aufgehen im Glauben ohne Fanatismus

*

Neben der wissenschaftlich-neutralen Perspektive auf die Religionen – sozusagen von oben –, wie sie die Religionswissenschaften bestimmt, gibt es auch den Seitenblick aus dem christlichen Glauben heraus auf die Nachbarreligionen. Auch die wissenschaftliche christliche Theologie untersucht die Religionen – hier aber mit der Fragestellung, in welchem Verhältnis diese zur christlichen Verkündigung stehen. Die theologische Disziplin trägt daher die Bezeichnung: RELIGIONS- UND MISSIONSWISSENSCHAFTEN bzw. INTERKULTURELLE THEOLOGIE.

Am Anfang der Kirchengeschichte steht die Konfrontation des christlichen Glaubens mit dem römischen Staat und seiner Staatsreligion. Der christlichen Gemeinschaft stehen die »Heiden« gegenüber, deren Glaube im einzelnen gar nicht wahrgenommen, sondern nur als ein Nicht-Kennen oder Leugnen der Botschaft von Jesus Christus eingestuft werden kann.

Im Mittelalter setzt sich das Christentum mit dem Judentum und dem Islam auseinander. Beide werden nicht als eigenständige, weltanschauliche Konkurrenten wahrgenommen, sondern sozusagen als abgefallene oder irregeleitete Familienmitglieder. Die Auseinandersetzung mit ihnen gleicht – wie man bei Luthers wechselndem Verhältnis zum Judentum gut nachvollziehen kann – der Ausgrenzung und Verfolgung von Ketzerbewegungen, die im Mittelalter zu den durchgängigen Problemen der Kirche gehören. Der Grundsatz, nachdem diese Probleme »gelöst« werden, lautet: *Extra ecclesiam nulla salus.* (Außerhalb der Kirche gibt es kein Heil.)

In der Neuzeit beginnt mit dem Zeitalter des Imperialismus und Kolonialismus eine Phase der christlichen Missionierung der neu entdeckten und erschlossenen Kontinente. Die Mission ist nicht in allen Bereichen nur Wegbegleiter der europäischen Eroberungspolitik, sondern hat durchaus das Wohl der Menschen im Blick; die indigenen Religionen Afrikas oder Südamerikas werden aber in ihrer eigenen Weltdeutung noch nicht ernst genommen, sondern nach altem Muster zu »Heidentum« erklärt und – wo möglich – als »Aberglaube« beseitigt.

Eine ernsthafte Auseinandersetzung mit fremden Religionen beginnt eigentlich erst im 18. und 19. Jahrhundert als genauere Kenntnisse über den Islam, die persische Religion und den Buddhismus nach Mitteleuropa gelangen. Seit der Aufklärung und dem Engagement vieler Intellektueller für eine deistische Religionsauffassung ist es möglich, verschiedene Glaubensrichtungen unter einem theoretischen Über-Modell von »Religion« zu betrachten und ihre jeweiligen Wahrheitsansprüche so zu relativieren. Darin kann man wohl auch die Basis der Religionswissenschaften erkennen.

*

GOTTHOLD EPHRAIM LESSINGS (1729–1781) dramatisches Gedicht *Nathan der Weise* wird als gelungenste Ausprägung der aufklärerischen Religionsauffassung angesehen. Kernstück des Dramas ist die sog. *Ringparabel* (▷ KE 11, 34), mit der Lessing den Juden Nathan die religiöse Toleranz begründen lässt. Die Lehre des Stücks läuft darauf hinaus, dass alle Religionen (gemeint sind hier aber nur die sog. »abrahamitischen Religionen« Judentum, Christentum und Islam) sich auf historische Gründungsereignisse und deren treuliche Bewahrung in der eigenen Tradition berufen. Von dieser Seite her ist aber ein Streit zwischen den Religionen niemals zu schlichten, weil Geschichte nicht beweisbar ist, sondern nur im Vertrauen angenommen werden kann. Daher sucht der Aufklärer Lessing eine andere Möglichkeit, um das Gemeinsame der Religionen zu erheben: Alle Religionen, so stellt er fest, hätten den Zweck, ihre Gläubigen zu besseren Menschen zu machen und von daher könnten sie auch miteinander verglichen werden. Diejenige Religion komme nämlich der Wahrheit am nächsten, die ihre Anhänger am effektivsten zum Guten motivieren kann. Der unfruchtbare Streit um die Wahrheit wird abgelöst durch einen produktiven Wettstreit in der ethischen Bewährung, der gerade die friedliche Duldsamkeit gegenüber dem Andersgläubigen, die Toleranz, als höchste Form der Bewährung belohnt.

*

Diese scheinbar so elegante Lösung kann aber nur durch einen Kunstgriff hinsichtlich der Religionsauffassung erreicht werden, der dem Selbstverständnis der Religionen im höchsten Maße widerspricht. Am deutlichsten wird Lessings reduziertes Verständnis von Offenbarungsreligionen in seiner Schrift *Die Erziehung des Menschengeschlechts* (▷ KE 11, 35):

> Was die Erziehung bei dem einzelnen Menschen ist, ist die Offenbarung bei dem ganzen Menschengeschlechte.
> Die Erziehung gibt dem Menschen nichts, was er nicht auch aus sich selbst haben könnte ... nur geschwinder und leichter. Also gibt auch die Offenbarung dem Menschengeschlechte nichts, worauf die menschliche Vernunft nicht auch kommen würde ... nur früher.[1]

Die göttliche Offenbarung ist für ihn keine von Gott historisch begründete Beziehung zum Menschen, sondern nur das, was die – zeitlos gedachte – menschliche Vernunft über sich selbst herausfindet. Umgekehrt wird dadurch alles, was das Glaubensleben ausmacht, aber nicht vernünftig einsehbar ist, als überflüssig und schädlich ausgeschieden. Lessing reduziert daher die Religion im *Nathan* auf die Ethik und erklärt den historischen Glaubenskern zum verzichtbaren Beiwerk.

Unausgesprochen setzt Lessing auch voraus, dass die ethischen Zielsetzungen der Religionen und damit das Menschenbild übereinstimmen und nur die Kraft, diese auch zu erreichen, bei den Anhängern verschiedener Religionen variiert. Das kann von Lessing nur deshalb unterstellt werden,

---

1 Gotthold Ephraim Lessing, Die Erziehung des Menschengeschlechts, § 1 und 4.

weil er seine Ethik – ein gefühlsbetontes bürgerliches Ethos – absolut setzt und für »vernünftig« und allgemein menschlich erklärt.

Es ist deutlich zu sehen, dass hier die Begründung der Toleranz nur dadurch gelingt, dass Lessing die verschiedenen Religionen von vornherein nicht in ihrer Eigenständigkeit, d. h. ihren historischen Gründen, ernst nimmt, sondern sie als geschichtlich zufällige Ausformungen ein und derselben ethisch geprägten Vernunftreligion begreift.

*

Das Selbstverständnis des christlichen Glaubens trifft er damit nur bedingt. Die grundlegende Offenbarung in Jesus Christus wird dort nämlich als Zuwendung Gottes verstanden, die dem Menschen eine Wahrheit vermittelt, die er sich gerade nicht selbst sagen kann. Der Glaube versteht sich als menschliche Antwort auf das errettende und erlösende Handeln Gottes, das den Menschen über die Perspektive des irdischen Lebens hinaus im Blick hat (▷ KE 11, 40 f.).

Die Glaubens-Wahrheit bezeichnet somit keine strittigen Einzelinformationen über etwas in der Welt, das auch die Vernunft klären könnte, sondern Wahrheit meint die Verlässlichkeit und Vertrauenswürdigkeit des Evangeliums und seiner Überlieferung. Der Glaube ist kein Für-wahr-Halten von übernatürlichen Tatsachen, sondern das Wagnis des Vertrauens auf den sich in Christus mitteilenden Gott.

*

Der »Streit« zwischen den Religionen geht letztlich darum, worauf oder besser: »auf wen« sich Menschen zu Recht verlassen dürfen. Diese Auseinandersetzung um die Wahrheit, also um das, worauf Menschen ihr Leben gründen können, kann nicht durch eine wie auch immer verstandene »Toleranz« aufgehoben werden. Im Gespräch der Religionen kann es nicht in erster Linie darum gehen, mit der eigenen Daseinsauslegung vor dem Forum der Vernunft Recht behalten zu wollen. Die intellektuelle Überlegenheit der eigenen Theologie könnte trügen. Die Wahrheit eines Glaubens kann sich am ehesten darin erweisen, im eigenen Leben die Kraft Gottes sichtbar werden zu lassen. In diesem Sinne wäre Lessings Richter zuzustimmen, der die Wahrheit der Religion an der »herzlichen Verträglichkeit« der Gläubigen zu erkennen hofft. Allerdings kann die Orientierung und Geborgenheit spendende Kraft des Glaubens nicht nur im Handeln, sondern wohl eher im »Seelenfrieden« oder – moderner ausgedrückt – in der gelungenen Kontingenzbewältigung gesucht werden.

Toleranz, wie sie aus dem christlichen Glauben motiviert ist, sieht im Andersgläubigen zuerst das Geschöpf Gottes und den Bruder, für dessen Erlösung Christus gestorben ist. Das kann heißen, den Gesprächspartner in seiner Identität und Tradition ernst zu nehmen und zu respektieren, aber wohl nicht, die Frage nach der Wahrheit deshalb auszuklammern. Den Grund der eigenen Hoffnung kann kein Christ verschweigen, gerade weil und wenn er am Gegenüber interessiert ist.

*

Der aus dem Denken der Aufklärung bis heute aktuelle Begriff der religiösen Toleranz speist sich letztlich aus einer philosophischen Richtung, die ihre Wurzeln in England hat. JOHN TOLANDS (1670–1722) *Christianity – Not Mysterious* oder MATTHEW TINDALS (1657–1733) *Christianity – As Old As Creation* begründeten eine Auffassung vom christlichen Glauben, die das Festhalten an Gott ohne Offenbarung nur aus der menschlichen Vernunft begründen wollte.

Eine ähnliche Strömung der Zeit, der UNITARISMUS kam ihnen zu Hilfe. Die unitarischen Freidenker lehnten die christlichen Dogmen, besonders die Trinität (vgl. Kapitel 6: Die christlichen Dogmen), als unbiblisch ab und sahen in Gott ein unpersönliches Universalprinzip der Schöpfung. In eigenen Gemeinden standen sie dem Christentum zwar nahe, lehnten aber die christliche Auffassung von der Versöhnung Gottes mit der Welt durch Jesus Christus ab. Gott als übernatürliche Person zu verstehen, die in ihr Werk – durch Wunder – eingreifen muss, weil Fehler aufgetreten sind, erscheint den rationalistischen Theologen der Aufklärung als zu anthropomorph.

Auch in der deutschen Aufklärung rückt das Bild Gottes in immer größere Entfernung zur Welt und er erscheint – wie bei GOTTFRIED WILHELM LEIBNIZ (1646–1716) – als ein Uhrmacher, der am Beginn der Zeit das Universum wie ein perfektes Uhrwerk erschaffen hat. Die menschliche Religion ist – soweit sie nicht vom Aberglauben verzerrt wird – der Reflex auf die mit dem Verstand erkennbare vernünftige Grundstruktur der Natur. Eine Konkurrenz grundlegend verschiedener Religionen im Streit um die Wahrheit ist in dieser Denkweise nicht vorgesehen.

Die Theologie der Aufklärung mündet also in einen DEISMUS, der allen Religionen tolerant gegenüber steht, weil er sie gerade in ihrer Unterschiedenheit nicht erst nehmen kann. Sie erscheinen als immer wieder durch Volkstraditionen verfälschte und von Mystik und Irrationalismus entstellte Varianten des einen Vernunftglaubens der geistigen Elite. In die Toleranz mischt sich hier eine gewisse Herablassung gegenüber der ausgeübten Volks-religion, die bis heute in der Kritik am – vermeintlichen oder tatsächlichen – Enthusiasmus oder Fanatismus gläubiger Menschen zu spüren ist.

*

Von der Aufklärung bis in die Gegenwart wird die Möglichkeit der Begründung der Religion durch eine Offenbarung Gottes in einem historischen Ereignis heftig bestritten. Die Gründe für die Ablehnung liegen darin, dass ein Gott, der sich an einer zufälligen Stelle der Weltgeschichte zeigt, nicht von allen Menschen in gleicher Weise erfasst werden kann. Die Menschheit würde aufgeteilt in eine Gruppe, die in direkter Weise von Gott angesprochen wird, eine Gruppe, die direkt in den Strom der Überlieferung von diesem Ereignis hineingeboren wird und andere Gruppen, die dieser fremd und mit Unverständnis gegenüber stehen, weil sie einer anderen Religion und Kultur angehören. Ein solcher Gott, der sich nur an eine bestimmte Menschengruppe, ein Volk, bindet, ist für die Vernunft eine schwer zu akzeptierende Vorstellung, wenn man von der universellen Gerechtigkeit und Güte Gottes ausgehen möchte. Daher wird bis in die heutige Theologie das der Aufklärung entstammende Denkmuster von einer »vernünftigen Universalreligion« vertreten, die sich in verschiedenen lokalen Traditionen und partikularen Symbolen (wie dem Kreuz, dem Buddha oder der Thora) wiederfindet und »repräsentiert« wird.

*

Dieser Weg, von einem übergeordneten Standpunkt aus die konkurrierenden Religionen zur Toleranz aufzurufen, wird nicht von allen akzeptiert. Die häufig wiederholte Grundformel »Letztlich beten doch alle zu demselben Gott« erscheint dann wenig hilfreich, wenn nicht klar ist, aus welcher Perspektive sie gewonnen werden kann. Die Perspektive der praktizierenden Gläubigen ist das sicher nicht, denn die deutlich unterschiedenen Gottesbilder lassen sich nicht wegdiskutieren. Im Grunde könnte dieser Satz nur aus der Perspektive Gottes selbst gesagt werden bzw. von jemandem, der diese Perspektive kennt.

Ähnlich verhält es sich auch mit dem oft verwendeten, sehr suggestiven Vergleich: Die Religionen seien wie Blinde, die einen Elefanten nur an verschiedenen Stellen ertasten und deshalb die Identität ihrer Erfahrungen nicht einsehen können (▷ KE 11, 38). Auch hier fragt sich, mit welcher Berechtigung und aus welcher Perspektive heraus den Blinden gesagt werden kann, dass ihre unterschiedlichen Erfahrungen aus ein und derselben Quelle stammen. Hier wird ebenfalls ein überlegenes Wissen in Anspruch genommen, das seine Quelle – eine neue Offenbarung? – nicht plausibel offen legen kann.

Trotzdem wird die breite Diskussion von solch bildhaften Formulierungen bestimmt, die nahe legen möchten, dass alle Religionen sich auf parallelen Wegen befinden und im Grunde einen identischen Kern besitzen. Diese Vorstellung besitzt heute große Plausibilität und zeigt, wie nachhaltig die Religionstheorie der Aufklärung ins allgemeine Bewusstsein eingedrungen ist.

*

Der christliche Glaube ist allerdings, auch wenn er solchen gefälligen Toleranztheorien zurückhaltend gegenüber steht, in der globalen Situation dazu gezwungen, die Bedeutung der anderen Religionen und ihren Bezug zu Gott neu zu überdenken. Auch in früheren Zeiten standen sich unterschiedliche Religionen gegenüber und mussten ihr Verhältnis zueinander klären. Das Neue der heutigen Diskussionslage besteht aber vor allem darin, dass die verschiedenen Religionen oder Konfessionen sich nicht mehr als geschlossene soziale Bereiche gegenüberstehen, sondern sie sich tatsächlich in einer Art Konkurrenzsituation befinden. Oder anders gesagt, der Einzelne entwickelt in der modernen, säkularen Gesellschaft ein Gefühl dafür, dass seine Glaubenszugehörigkeit im Grunde auf einem Zufall beruht und er sich sein Leben auch unter anderen religiösen oder ideologischen Vorzeichen vorstellen könnte (▷ KE 10, 22 ff.).

Von dieser Ausgangslage her ist das über lange Zeit einheitlich vertretene EXKLUSIV-MODELL, dass das Christentum in der Offenbarung von Jesus Christus die Wahrheit besitzt und alle anderen Religionen daher auf Irrtum beruhen müssen, heute kaum noch zeitgemäß und überzeugend. Das gilt vor allem deshalb, weil schon durch die Geschichte der inneren Auseinandersetzungen im Christentum (z. B. Reformation) deutlich wird, dass die Idee von einem klaren, jederzeit verfügbaren Wahrheitsbesitz in der Geschichte unkontrollierbare Konfrontationen mit verheerenden Konsequenzen nach sich gezogen hat (▷ KE 10, 40 f.).

Daher werden nach der Aufklärung eher INKLUSIVE THEORIEN vertreten, die den Glaubensüberzeugungen anderer insoweit entgegen kommen, als nach Gemeinsamkeiten in den Religionen gesucht wird. Dort, wo andere Religionen in ihren Symbolen oder Überlieferungen eine ähnliche Vorstellung von Gott und von einem verantwortlichen menschlichen Leben festhalten, können sie anerkannt werden.

Im Anschluss an Friedrich Schleiermacher (1768–1834) verstand man die Religionen als Ausformungen des im Wesen des Menschen angelegten Gottesbewusstseins. Oft wurde dann dem Christentum die reifste, umfassendste und am höchsten entwickelte Gestalt attestiert, während man in anderen Religionen eher Vorstufen mit einem begrenzten, nur relativen Wahrheitsgehalt erkennen wollte. In jedem Fall konnte man die Religionen in ihrer eigenen Bedeutung würdigen, wenn man sie auch vom Standpunkt der eigenen Tradition aus beurteilte. So konnten die Symbole anderer Weltdeutungen als nur äußerlich abweichende »Repräsentationen« der einen Gottheit verstanden und die Gläubigen anderer Religionen sogar als »anonyme Christen« akzeptiert werden.

Noch einen Schritt weiter gehen jene Theologen, die sich als PLURALISTISCH verstehen. Sie sehen die Unterschiedlichkeit religiöser Systeme und Heilswege ganz illusionslos und verzichten zugunsten einer positiven Wertung aller Religionen auf die Beantwortung der Wahrheitsfrage.

Es kann sich aber auch die Erkenntnis einstellen, dass unterschiedliche Deutungen des Lebens nicht nur in vordergründiger Verschiedenheit aufeinander treffen und sich daher ein grundlegender Widerspruch eventuell gar nicht aufheben lässt. Erst hier ist eigentlich echte Toleranz gefordert, die den eigenen Wahrheitsanspruch nicht aufgibt und den anderen Menschen trotz seiner Fremdheit respektiert.

*

Der katholische Theologe Hans Küng (*1928) macht den Vorschlag, der Begegnung verschiedener Religionen in der modernen Welt ein ethisches Fundament zu geben. Alle Religionen sollen sich auf ein HUMANUM verpflichten:

> Gut ist für den Menschen, was ihm hilft, wahrhaft Mensch zu sein! Nach dieser Grundnorm echter Menschlichkeit, der Humanität, lassen sich gut und böse, wahr und falsch unterscheiden, lässt sich auch unterscheiden, was in der einzelnen Religion grundsätzlich gut und böse, was wahr und was falsch ist.[2]

Wahre und gute Religion befördert »Humanität« und kann sich deshalb mit Recht auf das »Göttliche« berufen, während eine Religion, die

---

[2] Hans Küng, Kein Weltfriede ohne Religionsfriede, in: Weltfrieden durch Religionsfrieden, München / Zürich 1993; S. 37 f.

Unmenschlichkeit verbreitet, weil ihre Lehren zu Unterdrückung, Wert- und Sinnverfall führen, offensichtlich falsch ist. Küng und seine Anhänger hoffen durch eine Art Parlament derjenigen Religionen, die sich auf diese Basis des Humanums stellen, entscheidend zum friedlichen Dialog der Religionen und damit zum Weltfrieden beizutragen.

Das Modell erinnert an Lessings *Ringparabel* und es sieht sich auch denselben kritischen Einwänden ausgesetzt: Zum bestimmenden Maßstab wird eine neue, rein ethische Meta-Religion kreiert, die über allen Religionen steht. Diese ist aber ein rein menschliches Produkt und ihre Quellen lassen sich in der europäischen Aufklärung vermuten. Die humane Idee über die eigene religiöse Identität und Tradition zu stellen, wird vielen Menschen sehr schwer fallen. Solange verschiedene religiöse Traditionen in ihrem Menschenbild übereinstimmen, kann das WELTETHOS als Modell akzeptiert werden. Gerade aber im Konfliktfall, wo die Bestimmung des Humanum problematisch wird, verliert es auch seine verbindende Kraft. Diese Problematik wird schon sichtbar, wo eine Religion die menschliche Selbstfindung und Selbstentfaltung eher negativ bewertet und stattdessen Verzicht, Askese oder Anpassung an vorgegebenen Rollen fordert oder die Bestimmung des Menschen in der Überwindung seiner irdischen Existenz sieht. Das Humanum selbst ist wohl nur im Kontext einer bestimmten Religion oder Weltanschauung zu bestimmen und nicht meta-religiös (▷ KE 10, 43 f.).

*

Einen ganz anderen Weg zur Bewertung der Religionen ist in der evangelischen Theologie KARL BARTH (1886–1968) gegangen. Barth wollte die Religionen, einschließlich des Christentums, als menschliche Erfindungen ansehen, die entwickelt werden, damit sich der Mensch in seiner Welt eine Orientierung verschaffen kann, die sein Leben trägt. Hart ausgedrückt sind Religionen Produkte des menschlichen Selbstbehauptungswillens, der Sünde. Dem steht die Selbstoffenbarung Gottes in Jesus Christus gegenüber. In ihr wird der Selbstbehauptungswille der Menschen gerade gebrochen und ein ganz anderes Verständnis menschlichen Lebens abhängig von der zuvorkommenden Liebe Gottes und im Gehorsam gegenüber Gottes Gebot gefordert.

Insofern ist der christliche Glaube – verstanden lediglich als Antwort auf die gnädige Zuwendung Gottes – keine menschliche Religion. Der christliche Glaube steht allen »falschen« Religionen gegenüber.

Allerdings wäre dieser Ansatz völlig missverstanden, wenn man nun die christliche Religion mit allen ihren kulturellen Ausprägungen als die wahre Religion den anderen gegenüberstellen und damit allen Vergleichen und aller Religionskritik entziehen wollte. Das Alleinstellungsmerkmal des Christentums besteht gerade darin, dass diese kritische Unterscheidung zwischen dem unvermeidlichen, menschlichen Produkt »Religion« und der authentischen Offenbarung Gottes zum seinem unaufgebbaren, wesentlichen Bestand gehört.

> Gemeint ist die im Christentum selbst aufweisbare und für es charakteristische (…) Unterscheidung zwischen der Religion als vielgestaltigem Gebilde und dem Evangelium, das von einer enormen religionskritischen Kraft ist, so jedoch, dass dadurch die Religion zu ihrer Wahrheit gebracht werden soll.[3]

Aus diesem Gedanken heraus kann man zwar nicht sagen, dass das Christentum die wahre Religion ist, denn es unterliegt den menschlichen Bedürfnissen und Verfälschungen in derselben Weise wie andere von Menschen gemachte Religionen. Aber das Evangelium, das ohne religiöse Lebensformen nicht vermittelbar ist, nimmt die christliche Religion in seinen Dienst und führt sie in besonderer Weise, aber immer auch gegen menschlichen Widerstand zur Wahrheit.

Aus diesem Ansatz ergibt sich zwar eine Sonderstellung der christlichen Religion gegenüber anderen Glaubenswelten, aber doch immer so, dass nicht auf einen Wahrheitsbesitz gepocht wird und der Vorsprung des christlichen Glaubens gerade in seiner Fähigkeit zur Selbstkritik besteht, die am Wort Gottes ausgerichtet ist.

---

3 Gerhard Ebeling, Dogmatik des christlichen Glaubens; Bd. 1; Tübingen 1979, S. 111 ff.

Kapitel 3 | Die Bibel – das Wort Gottes

> Kann die Bibel Richterin bei Glaubensstreitigkeiten sein?
> Gibt es wichtige und weniger wichtige Bibelstellen?
> Soll man die Bibel lesen wie jedes andere Buch?
> Darf man die Bibel »modernisieren«?
> Kann jeder seine Fragen in die Bibel »hineinlesen«?
> Ist die Bibel Eigentum der Christen oder gehören Teile noch den Juden?

Als BIBEL bezeichnet man im christlichen Kontext eine Sammlung von Schriften, die im ersten Teil, *Altes Testament* (AT) genannt, ursprünglich hebräische Texte des Judentums enthält, im zweiten Teil, dem sogenannten *Neuen Testament* (NT), die ursprünglich griechisch geschriebenen Texte aus der Zeit des frühen Christentums beinhaltet.

Die Entstehungszeit der frühesten Texte fällt in die Zeit des babylonischen Exils, also etwa um 550 v. Chr. Die spätesten Texte sind zu Beginn des 2. Jahrhunderts nach Christus – bis ca. 120 n. Chr. – verfasst worden. Die Bibel ist also ein über sechs bis sieben Jahrhunderte gewachsenes Textkorpus, das in den unterschiedlichsten historischen Situationen den Glauben an den einen Gott auszulegen versucht (▷ KE 10, 50).

Die alttestamentlichen Texte zeichnen sich durch eine Vielzahl von Bezügen zu Texten und Motiven der altorientalischen Religionswelt aus (z. B. *Gilgamesch-Epos;* ▷ KE 10, 66 f.), das Neue Testament steht im Austausch mit den Strömungen der Philosophien (z. B. *Gnosis*) und religiösen Vorstellungen, wie sie in der hellenistischen Kulturwelt lebendig waren. Neben diesen Beziehungen zur jeweiligen Umwelt sind die biblischen Texte auch untereinander häufig und intensiv verbunden. Immer wieder werden frühere Texte in späteren zitiert, als Argumente herangezogen und ausgelegt (SCHRIFTBEWEIS und REFLEXIONSZITAT). Durch die große Zahl an Bezügen entsteht so etwas wie ein Netz, das die biblischen Einzelschriften aus verschiedenen Zeiten, die zu ganz unterschiedlichen Anlässen und Verwendungen geschrieben wurden, zu einer organischen Einheit zusammenbindet, die mehr ist als nur eine bunte Sammlung von Schriften.

Die Wirkungsgeschichte der christlichen Bibel entspricht diesem in sich kohärenten Charakter des Buches insofern, als die biblischen Motive und Grundgedanken für die christlich-abendländische Welt zu so entscheidenden Elementen der Kultur, Kunst und Literatur werden, dass zumindest die europäische Geistesgeschichte ohne Kenntnis der Bibel nicht einmal in Ansätzen zu verstehen ist.

> Die wichtigste Gestalt unserer Kultur ist der Gott der Bibel. Und wer nicht an ihn glaubt, bezieht seine Gottesvorstellung trotzdem von ihm, um ihn dann zu leugnen. Wer sagt ich glaube nicht an Gott, meint nicht Zeus, sondern IHN.[1]

*

MARTIN LUTHER (1483–1546) versteht die von ihm angestrebte Reform der Kirche als Rückkehr zu den biblischen Wurzeln des Glaubens – *ad fontes*. Mit der Kampfformel *sola scriptura* kritisiert er Entwicklungen und Missstände, die sich dadurch ergeben haben, dass die Praxis der mittelalterlichen Kirche die biblischen Vorstellungen und Denkweisen mehr und mehr in den Hintergrund treten ließ und sich stattdessen auf die kirchlichen Traditionen der vorausgegangenen Jahrhunderte berief. So sieht Luther etwa im Ablasswesen, in der kirchlichen Hierarchie oder in der Auffassung des Gottesdienstes als Messopfer ein ganz und gar unbiblisches Denken am Werk. Die mittelalterliche Schriftauslegung war darauf ausgerichtet, die Authentizität dieser kirchlichen Lehren zu untermauern und nicht die Fremdheit und Eigenständigkeit der biblischen Texte zu erfassen und wirken zu lassen.

Demgegenüber betont Luther, dass die entscheidende Legitimation für alles kirchliche Handeln aus der Heiligen Schrift gewonnen werden muss und die Tradition an die zweite Stelle rückt.

Konsequenterweise hat sich Luther dafür eingesetzt, die Bibel durch Übersetzungen in die Volkssprache für alle Christen zugänglich zu machen und die Schriftauslegung in Form der Predigt zum Kernstück des Gottesdienstes werden zu lassen. Nur durch das Wort der Verkündigung können die Heilstaten Gottes zu dem einzelnen Christen gelangen und sein Leben verändern. Die evangelische Kirche versteht sich daher als »Kirche des Wortes«.

*

So verständlich dieser Rückbezug auf die unverfälschten Ursprünge des Glaubens erscheint und so notwendig eine Reinigung der kirchlichen Pra-

---

1 Dietrich Schwanitz, Bildung, Frankfurt/M. 1999, S. 45.

xis im späten Mittelalter war, bleiben insbesondere dann Fragen zurück, wenn man den Schriftbezug zum durchgängigen Prinzip erklärt.

Die biblischen Autoren verfolgen ja durchaus keine einheitliche Theologie und stehen jeweils in einem zeitgeschichtlichen Kontext, der ihre Aussagen nicht so ohne Weiteres übertragbar macht. Was die Bibel also zu einem Problem der Gegenwart sagt und welche Partei in einem Streit sich zu Recht auf »die Bibel« berufen darf, hängt davon ab, welche Texte herangezogen und wie sie gedeutet werden. Der Schlachtruf *sola scriptura* beschwört nur die gemeinsame Grundlage aller Christen, ohne dass man davon eine zweifelsfreie Klärung aller Probleme erwarten zu dürfte.

Daneben ist der Optimismus der Reformation, dass die Schrift selbst für die richtige Auslegung sorge *(scriptura sui ipsius interpres)* und über die den Glauben hervorrufende und ihn normierende Kraft verfüge, aus heutiger Sicht eher fraglich. Die Texte sind oft genug widersprüchlich oder für den modernen Leser weder leicht zu verstehen noch zu akzeptieren, wenn man z. B. Aussagen heranzieht, die heutige Vorstellungen von Humanität (Ps 137,9) oder sozialer Gleichberechtigung (1 Tim 2,15) aufs Schärfste verletzen. Die Bibel als letzte Autorität, als unmittelbares »Wort Gottes« zu betrachten, das aus eigener Kraft zum Glauben führt, verkennt den geschichtlich-menschlichen Charakter der Bibel.

Die Formel *sola scriptura* muss heute so verstanden werden, dass mit dem Wort Gottes nicht die nur Bibel als isoliertes Buch gemeint ist, sondern dass immer die Gemeinschaft derer eingeschlossen ist, die das Buch als ihre geistige Mitte ansieht. Kurz gesagt: Mission kann nicht heißen, Bibeln zu verteilen, sondern nur, zur gemeinsamen Bibellektüre einzuladen.

*

Auch Luther hat das Problem der Vielschichtigkeit und Widersprüchlichkeit der Bibel gesehen und versucht, durch ein übergreifendes HERMENEUTISCHES KRITERIUM eine Lösung herbeizuführen. Sein Ausgangspunkt ist dabei der Satz:

Die ganze Heilige Schrift spricht überall allein von Christus.[2]

Zur Erläuterung dieser kühnen These gebraucht Luther ein Bild: Er sieht die biblischen Autoren innerhalb eines großen Kreises angeordnet, je

---

2   Martin Luther, Weimarer Ausgabe (WA) 56, S. 414,15.

nachdem näher oder weiter vom Kreismittelpunkt, dem geistigen Zentrum entfernt. »Das Mittelpünktlein im Zirkel« aber ist Christus bzw. das Evangelium von der gnädigen Zuwendung Gottes zu den Menschen (▷ KE 10, 54). Nun ist jeweils zu prüfen, »was Christum treibet« oder was um einen anderen Mittelpunkt kreist. Danach bewertet Luther die Schriften als »wahrhaft apostolisch« (für Luther besonders das Johannesevangelium und die Paulusbriefe) oder hinsichtlich ihrer Wichtigkeit und Verbindlichkeit von geringerem Rang. Damit hat er einen BIBLIZISMUS ausgeschlossen, der alles gleich wichtig nehmen will, eben weil es in der Bibel steht.

Worauf es für den Leser ankommt, ist, selbst einen persönlichen Bezug zum Christuszeugnis zu finden, denn dann klären sich alle Verständnisschwierigkeiten wie von selbst. Christus ist, sozusagen, der Inhalt der Schrift in Person. Die Menschen sollen daher »aufhören, die Finsternis und Dunkelheit ihres Herzens in gotteslästerlicher Verkehrung den Schriften Gottes anzulasten, die ganz und gar klar sind.«[3]

Die Kohärenz und Eindeutigkeit der Schrift ist also keine objektiv und neutral nachweisbare, sondern sie zeigt sich in einer Durchsichtigkeit und Klarheit, die sich dem Gläubigen durch den Heiligen Geist erschließt. Ohne den Geist Gottes zerfällt die Bibel in lauter einzelne und widersprüchliche Schriften und kann nicht als das eine Wort Gottes verstanden werden.

*

In der Bibel geht es nach Luther zentral um den sich selbst erschließenden Gott, der in Jesus Christus die Menschen retten will. Diesem Evangelium der Frohen Botschaft stehen andere Texte gegenüber, die Gott in seiner Rolle als Gesetzgeber und Richter beschreiben. So wird für Luther die Gegenüberstellung von EVANGELIUM UND GESETZ zum Interpretationsschlüssel für die biblischen Texte.

Diese Unterscheidung ist in späterer Zeit oft auf das Verhältnis von Altem und Neuem Testament angewendet worden, so als sei das Alte Testament »der tötende und verurteilende Buchstabe«, während im Neuen Testament die »erlösende Kraft des Geistes« zum Ausdruck kommt. Damit ist Luther aber missverstanden.

Im Alten Testament unterscheidet er drei unterschiedliche Ebenen: Es gibt Texte, die ganz in die Geschichte und Kultur des Volkes Israel gehören

---

3 Martin Luther, Lateinisch-deutsche Studienausgabe (LDStA) 1, S. 238,19–30/S. 235, 2–39.

(»der Juden Sachsenspiegel«). Auf einer zweiten Ebene liegen die religiösen Gesetze des Mose, die für Christen ebenfalls ohne Bedeutung sind. Der dritte Bereich sind die alttestamentlichen Gebote, die das Naturrecht klar zusammenfassen und insofern für alle Menschen gelten. Entscheidend ist allerdings, in ihrer Erfüllung keinen Heilsweg zu suchen, sondern sie von Christus her zu verstehen. Dem durch Christus befreiten Menschen sollen sie nicht wieder ein schlechtes Gewissen machen. Das Alte Testament ist konsequent vom Neuen Testament her zu erhellen, dann beginnen Texte auch zu leuchten, wie etwa der 118. Psalm – ein Lieblingstext Luthers – der ein Glaubensbewusstsein ausspricht, das ganz aus der dankbar empfangenen Gnade entsteht.

*

Die Reformation hat die Heilige Schrift als verbindlichen Maßstab der kirchlichen Tradition kritisch vorangestellt. Daraus ergab sich die Notwendigkeit, diese Überordnung dadurch zu begründen, dass die Entstehung der Bibel aus dem kirchlichen Traditionsprozess herausgenommen wurde.

In der protestantischen Theologie der folgenden Jahrhunderte geschah dies durch die Lehre von der VERBALINSPIRATION: Die Heilige Schrift ist deshalb jeder menschlichen Tradition vorgeordnet, weil Gott ihr eigentlicher Verfasser ist, der die Texte den biblischen Autoren direkt eingegeben hat oder doch durch Personalinspiration dafür gesorgt hat, dass die unterschiedlichen persönlichen Perspektiven sich ergänzen, aber nicht zu Widersprüchen oder Irrtümern führen (▷ KE 10, 51).

Diese bis heute immer wieder vertretene Auffassung von der Bibel als unmittelbarem Wort Gottes hat den Nachteil, dass sie selbst zu unbefriedigenden theologischen Schlüssen führt: Die Bibel wäre zwar nach und nach entstanden, aber letztlich doch eine von der menschlichen Geschichte völlig abgehobene einheitliche Botschaft Gottes. Eine solche Offenbarung ist dann im Grunde auch von den geschichtlichen Ereignissen um Jesus Christus unabhängig. Die Schrift sieht aber Jesus Christus selbst als das Wort Gottes an und stellt die Zeugnisse von diesem Ereignis an die zweite Stelle. Die Offenbarung Gottes wird also im geschichtlichen Ereignis gesehen, das in den menschlichen Überlieferungen gedeutet wird.

Die Gemeinden der ersten Jahrhunderte haben in den Texten, die nun das Neue Testament bilden, Zeugnisse von Jesus Christus gesehen, die immer wieder Glauben hervorgerufen und bestärkt haben. Diese Wirkung wurde dem Heiligen Geist zugeschrieben, der daher auch für das

Zustandekommen gerade dieser Sammlung von Schriften (Kanon) verantwortlich gemacht wird(▷ KE 10, 56 f.).

*

Wenn die Bibel also im kirchlichen Gebrauch und im Gottesdienst als WORT GOTTES bezeichnet wird, ist damit die besondere Wirkungsgeschichte dieser Texte gewürdigt. Sie sind das Wort Gottes an die Menschen in der Gestalt menschlich-geschichtlicher Worte. Aus der Lektüre und Auslegung dieser Texte ist immer wieder der Glaube an Christus hervorgegangen, bestätigt und gestärkt worden.

Jeder Leser/jede Leserin braucht aber auch für sich den Beistand des Heiligen Geistes, damit die biblischen Texte für sie/ihn persönlich zum Wort Gottes werden können. In diesem Sinne bleibt die Bibel eine menschliche Schrift, die keine eigenständige »Zauberkraft« besitzt, wie sie nur der Aberglaube mit christlichen Symbolen und Zeichen in Verbindung bringt. Das Wort wie auch die Sakramente wirken durch den Glauben der Menschen und nicht durch übernatürliche Kräfte, die ihnen anhaften.

Ohne Glauben, nur mit wissenschaftlicher Objektivität gelesen, bleibt auch die Bibel »toter Buchstabe«, ohne den »lebendig machenden Geist«.

*

Die Erkenntnis, dass es sich beim biblischen Text um einen menschlich-geschichtlichen Text handelt und die Lehre von der Verbalinspiration die Würde des Textes nicht erhöht, sondern eher theologisch fragwürdig macht, führt in der Zeit der Aufklärung dazu, dass man nun ein wissenschaftliches Programm zur Erforschung der Bibel auflegt, das unter dem Leitsatz steht: »Die Bibel ist ein Text wie jeder andere und muss mit denselben Methoden erforscht werden, wie sie an anderen Texten des Altertums erprobt worden sind.«

Damit ist die sogenannte HISTORISCH-KRITISCHE METHODE der Bibelerforschung gefunden, die ein ganzes Bündel an wissenschaftlichen Fragestellungen und speziellen Methoden zusammenfasst. Die wichtigsten Fragen sind:
- Ist der vorliegende Text im Überlieferungsprozess verfälscht worden?
- Kann man ursprünglichere Fassungen oder Quellen für die jetzt vorliegende Textgestalt ausfindig machen?
- Gibt es Anklänge, Zitate oder Parallelen in außerbiblischen Texten, die zur Erhellung beitragen?
- Lässt sich die Schrift oder der Autor in historische Raster einordnen?

- Kann seine Absicht bei der Abfassung des Textes dadurch klarer herausgearbeitet werden?
- Welche Rolle hat der Text im Leben der Menschen gespielt
- Wer hat ihn zu wem gesprochen? Welche ähnlichen Formen sind bekannt?

Das Ziel dieser Arbeitsgänge am biblischen Text ist es, ein möglichst präzises und umfassendes Bild aller Textbezüge zu erhalten (▷ KE 10, 52, 59, 68). Mögliche Missverständnisse, die sich aus dem zeitlichen, kulturellen und sprachlichen Abstand ergeben, sollen so ausgeräumt werden. Die Zielvorstellung ist, das hypothetische Gespräch zwischen dem Verfasser und dem ersten Leser vollständig zu rekonstruieren, aber auch Bedeutungskomponenten für heute herauszuarbeiten.

*

Das Problem der historisch-kritischen Methode besteht darin: Je genauer und erfolgreicher sie arbeitet, umso größer ist der Bedeutungswandel, den die Texte erfahren. Ein vertrauter und bekannter Glaubenstext kann durch seine Erforschung zunehmend fremd, seltsam unvertraut und für den Leser immer gleichgültiger werden. Der Text wird zergliedert, in seinen Entstehungsprozess aufgelöst und mit allen zugänglichen Bezügen und Seiteninformationen versehen. Er wird im Idealfall in seiner Intention völlig durchschaubar, aber er wird dem heutigen Betrachter dadurch auch entzogen und in weite Ferne entrückt. Die Bibel wird vom Glaubensbuch zum religionsgeschichtlichen Museum (▷ KE 10, 53).

Kritiker dieser Methode machen geltend, dass das methodische »Als-ob«, das die Texte so auffasst, als ob man ihnen gegenüber völlig neutral und objektiv sei, nicht mehr rückgängig gemacht werden kann. Die historisch-kritische Methode »erledigt« die Texte für den Glauben.

Demgegenüber möchten viele christliche Exegeten nicht darauf verzichten, bei der Untersuchung dasjenige Kriterium im Auge zu behalten, das erst dazu führt, sich mit den Texten zu beschäftigen: nämlich ihre Wirkungsgeschichte als kanonische Bibeltexte, auf die sich der christlich Glaube grundlegend stützt (▷ KE 10, 54 f.). Aus dieser Sicht, der sog. KANONISCHEN EXEGESE, kommt es darauf an, die Bezüge zwischen den biblischen Texten zu erkennen und herauszuarbeiten und – vor allem – sich selbst nicht außerhalb des Beziehungsgeflechtes der Bibel zu stellen.

Die wissenschaftliche Betrachtungsweise möchte den heutigen Leser zunächst ganz ausschalten, um vollkommene Objektivität herzustellen und keine Übertragungen aus dem modernen Vorverständnis zuzulassen. Insofern ist diese Methode völlig unverzichtbar, wenn es darum geht, die Texte in ihrer eigenen Intention zum Sprechen zu bringen. Aber es gibt auch »produktive Missverständnisse«. Bedenkt man, was es heißt, wenn Luther die ganze Bibel, also auch das AT, von Jesus Christus her lesen will, so ist klar, dass es nicht nur um die ursprüngliche Aussageabsicht eines Textes geht. Biblische Texte stehen nicht isoliert, sondern sind immer eingebunden in die Glaubensgemeinschaft, ihre Geschichte und ihre Auslegungstradition. Insofern sind etwa die jüdische Bibel und das christliche Alte Testament nur auf den ersten Blick derselbe Text.

*

Je deutlicher die historisch-kritische Methode das Weltbild der biblischen Texte erforscht und dem modernen Leser vor Augen stellt, umso klarer wird, wie sehr sich das Lebensgefühl und die Weltanschauung verändert haben. Ein von der Naturwissenschaft geprägtes Weltbild lässt die biblische Rede von Himmel und Hölle, von Geistern und Dämonen, von Wundern und Zeichen fremd und unverständlich erscheinen. Darauf kann nun so reagiert werden, dass man die biblischen Texte als veraltet und nicht mehr aussagekräftig verwirft oder so, dass man versucht, unter der oberflächlichen Schicht des Weltbildes zu den tieferen Grundaussagen vorzustoßen, die für den heutigen Menschen ebenso gültig sind, wie für die Menschen vor 2000 Jahren. Diesen Versuch unternimmt RUDOLF BULTMANN (1884–1976) mit seinem Programm der »Entmythologisierung« der Bibel. Er möchte zeigen, dass die wunderhaften Ereignisse von denen die Bibel berichtet, nur eine aus dem damaligen Weltbild erklärbare, sprachliche Verkleidung von Aussagen über innere, seelische Vorgänge sind. Die Bibel verlangt vom modernen Menschen nicht, seinen Verstand abzuschalten und die Wunder »zu glauben«, sondern sie erlaubt ihm zuerst nachzufragen, was die Texte über sein Leben und sein Selbstverständnis sagen, bevor er beschließen kann, zu glauben oder nicht zu glauben.

*

Bultmann wendet sich den Zeugnissen von der Auferstehung Christi zu und stellt fest, dass es nicht darum gehen kann, hier ein »Mirakel« für wahr zu halten. Ein solcher unvernünftiger Wunderglaube macht aus dem Gläubigen keinen frommen und gottgefälligen Menschen. An die Auferstehung Christi zu glauben, bezieht sich im Grunde gar nicht auf ein historisches Ereignis, sondern darauf, wie der gläubige Mensch sein

Leben gestalten will. Wird er weiter von der Todesfurcht regiert oder kann er im Glauben die Angst vor dem Tod, vor dem Zu-kurz-Kommen, vor der eigenen Bedeutungslosigkeit überwinden und sich dem Nächsten ganz zuwenden. Dazu fordert das Bekenntnis zur Auferstehung Christi auf.

Bultmann zieht daraus den Schluss, dass Christus in die Botschaft von einem neuen, befreiten Leben hinein auferstanden ist. Die neutestamentlichen Auferstehungszeugnisse sind – entmythologisiert – nicht als Berichte über ein Wunder zu lesen, sondern als Aufforderung sein eigenes Leben neu auszurichten. Christus ist dann auferstanden und lebt, wenn seine Botschaft weiter getragen wird und Nachfolger findet. Er ist ins KERYGMA (Botschaft) hinein auferstanden (▷ KE 11, 109).

*

Diese Art der »Modernisierung« der Bibel hat heftige Diskussionen ausgelöst. Die Kritiker halten Bultmann vor, dass er zu schnell ein naturwissenschaftlich-technisches Weltverständnis für »die Wirklichkeit« hält. Viele der weltbildhaften Vorstellungen der Bibel, aber auch des Mittelalters etwa bei Luther bilden für den Zugang des heutigen Menschen zur Glaubenswelt der Bibel ein großes Hindernis. Die Beseitigung dieser Fremdheit durch Entmythologisierung und Angleichung der Texte an das, was heutigen Menschen »plausibel« erscheint, könnte dazu führen, die Glaubenszeugnisse zur banalen Lebenshilfe zu machen. In ihnen ist dann nicht mehr von einer anderen Welt, der Welt Gottes, die Rede und die Hoffnung auf ein anderes Leben wird auf einige lebenskluge Ratschläge reduziert.

So richtig es ist, darauf hinzuweisen, den Anstoßpunkt und das Ärgernis des Glaubenszeugnisses nicht in oberflächlichen, letztlich belanglosen Äußerlichkeiten zu suchen, so schwierig wird es sein, herauszufinden, wo die Botschaft gerade nicht plausibel gemacht und eingeebnet werden darf.

Der Satz »Christus ist auferstanden!«, der erste Satz des christlichen Glaubens, beinhaltet einen letzten Protest gegen die Welt, so wie sie ist, und die Hoffnung darauf, dass Gott alles neu machen wird (▷ KE 10, 112 ff.). Um ihn als Bekenntnis nachsprechen zu können, bedarf es wohl auch der Bereitschaft, das eigene Weltbild durch ein Wunder in Frage stellen zu lassen.

Das Problem wurde durch die von einigen Wissenschaftlern vorgetragene These zugespitzt, das Grab Christi sei nicht, wie in den neutestamentlichen Texten belegt, »leer« gewesen. Grundsätzlicher gefragt: Hängt der Glaube an die Auferstehung Christi an historischen Details, die sich evtl. durch archäologische Befunde ändern könnten (▷ KE 11, 108)? Aus der Sicht Bultmanns ist diese Diskussion höchst überflüssig; andererseits gründet der christliche Glaube von Anfang an auf historischen Ereignissen und versteht sich gerade nicht als davon unabhängige Lebensphilosophie. Sein Kern ist das gnädige Eingreifen Gottes in die Geschichte an einem präzise zu benennenden Punkt: dem Auftreten, der Verurteilung und Hinrichtung von Jesus Christus. Der historische Wert biblischer Zeugnisse ist daher für den Glauben nicht belanglos. Ob allerdings die Nachricht vom leeren Grab in diesen Kernbereich der historischen Zuverlässigkeit gehört, mag umstritten bleiben.

*

Hatte die historisch-kritische Methode um ihrer Wissenschaftlichkeit willen den modernen Leser geradezu ausgeblendet und die Untersuchung des Textes in seiner damaligen Welt in den Mittelpunkt der Auslegung gestellt, so formiert sich gegen Ende des 20. Jahrhunderts eine ausgesprochene Gegenbewegung. Die biblischen Texte werden zunehmend in die Lebenswelt und Problemsituation von Gläubigen hereingezogen und zwar unter bewusster Vernachlässigung ihrer Eigenintention und historischen Verwurzelung.

Die THEOLOGIE DER BEFREIUNG im außereuropäischen Christentum liest die Bibel als Ermutigung, die Ausbeutung, Ungerechtigkeit und soziale Ungleichheit in vielen Ländern zu bekämpfen. Wie die Sklaven und insgesamt die farbige Bevölkerung in den USA im 19. und 20. Jahrhundert so identifiziert sich auch die Landbevölkerung in Teilen Südamerikas mit der Befreiungsgeschichte Israels und versteht die biblischen Texte als direkt in ihre Situation hineingesprochen (▷ KE 10, 37 f.).

Eine ähnliche Aneignungsbewegung zeigt die FEMINISTISCHE THEOLOGIE in Nordamerika und Europa, die eine Erforschung der Bibel nach der unbekannten und vom Patriarchat unterdrückten Seite der Frauen hin auslöst. Die Frauengestalten der Bibel rücken in den Mittelpunkt des Interesses und die Texte werden aus dieser sozialkritischen Perspektive gelesen und gedeutet.

Ähnliche Tendenzen lassen sich auch dort feststellen, wo die Stoffe der Bibel von der TIEFENPSYCHOLOGIE befragt und untersucht werden. So findet sich etwa bei Eugen Drewermann eine sehr umfangreiche und kundige Auslegung biblischer Texte unter der Prämisse, dass der bleibende Wert der Texte in seinem archetypischen Bilderreichtum und seinem tiefen Wissen um die Geheimnisse der menschlichen Seele besteht (▷ KE 10, 84 f.).

Die Sorge gegenüber diesen bewusst perspektivischen Annäherungen an die Bibel liegt jeweils darin, ob den Texten noch genug Spielraum für eigene Aussagen bleibt oder ob diese – ideologisch vereinnahmt – nur mehr zum Ausdruck bringen können, was der Ausleger bereits vorausgesetzt hat.

*

Judentum, Christentum und Islam werden heute oft als »abrahamitische Religionen« bezeichnet, womit eine biblische Tradition, die des Abraham, als gemeinsame Wurzel benannt wird (▷ KE 10, 56 ff./KE 11, 33.43). Richtig daran ist, dass biblische Stoffe und Texte in allen drei Religionen eine große Rolle spielen.

Im ISLAM tauchen biblische Stoffe in vielen Suren des KORAN auf, sodass davon ausgegangen werden kann, dass die Verfasser mit der Bibel in gewisser Weise vertraut waren. Allerdings finden sich dabei auch starke Variationen und Abwandlungen der biblischen Texte, sodass die Übereinstimmungen nicht auf eine literarische Abhängigkeit hinweisen, sondern auf eine spätere freie Bearbeitung biblischer Erzählmotive. So wird z. B. Jesus als der Prophet Isa bezeichnet, der aber nach dem Koran nicht gekreuzigt, sondern kurz vor seiner Hinrichtung vertauscht und von Gott gerettet wird.

Der Bezug zu Abraham wird im Islam dadurch hergestellt, dass man die eigene Abstammung auf Ismael, den erstgeborenen Sohn Abrahams (nicht wie im Judentum auf Isaak) zurückführt. Dies lässt sich allerdings in keinem historischen Sinne ernsthaft belegen, sondern ist wohl mehr als Bild dafür zu verstehen, dass der Islam die unverfälschte religiöse Tradition von Adam bis Mohammed für sich reklamiert.

Der gemeinsame Bezugspunkt »Abraham« ist also eher ein Streitobjekt als – wie oft dargestellt – eine gemeinsame Vaterfigur. In der Sure 2,135 ff. des Koran wird zur Auslegung der biblischen Tradition explizit Stellung bezogen und dabei werden Judentum und Christentum als Verfälschungen des Willens Allahs ausdrücklich abgelehnt. Die gemeinsame biblische Erzähltradition bildet also nur scheinbar eine Brücke.

Der Koran ist nach muslimischer Auffassung die zeitlose, ewige Offenbarung Gottes, die nicht historisch aufgeschlüsselt werden kann und letztlich auch mit der Biographie des Propheten Mohammed nichts zu tun hat. Ein solches Textverständnis ist der christlichen Theologie, die gewohnt ist, die historische Verankerung der Texte zu berücksichtigen, sehr fremd.

*

Im Judentum steht an Stelle der Bibel als schriftlicher Offenbarungsurkunde der Tanach, ein Schriftenkorpus bestehend aus der Thora (entspricht den fünf Büchern Mose) den Nebiim (entspricht den Büchern der Geschichtsschreibung und den Propheten) und den Ketubim (entspricht den übrigen Schriften des AT). Die Thora genießt die Bedeutung einer unmittelbar von Gott geoffenbarten Schrift und wird im Gottesdienst abschnittsweise vorgelesen.

Die Schnittmenge biblischer Texte von Judentum und Christentum ist ungleich größer als die Übereinstimmungen mit der Tradition des Islam. Allerdings ist auch hier auf den jeweiligen Stellenwert der gemeinsamen Texte im Ganzen der jeweiligen religiösen Überlieferung zu achten. Neben der zweifellos überragenden Bedeutung der schriftlichen Thora wird das Judentum sehr stark von einer langen mündlichen Tradition bestimmt, die ihrerseits wieder im sog. Talmud festgehalten ist. Dieser über viele Jahrhunderte gewachsene Auslegungskontext, in dem die jüdische Thora steht, bestimmt die Auffassung der (gemeinsamen) Texte so stark, dass man der wörtlichen Übereinstimmung mit dem christlichen Alten Testament keine zu große Bedeutung einräumen darf.

Eine solche Sichtweise führte in der Vergangenheit dazu, dass die christliche Seite für sich die »richtige« an Jesus Christus orientierte Deutung beanspruchte und damit das Judentum sozusagen enterbte, während die jüdische Seite sich ihrer ureigenen Tradition beraubt fühlen musste.

Eine moderne, auf religiöse Toleranz ausgerichtete Sichtweise sollte weniger vom Streit um die »richtige« Deutung der gemeinsamen Texte ausgehen, als vielmehr von der Einsicht, dass dieselben Texte in unterschiedlichen Traditionen verschiedene Bedeutung annehmen. Wie gleiche Mosaiksteinchen in verschiedenen Bildern sind die übereinstimmenden biblischen Textelemente nicht sehr aussagekräftig, was das Selbstverständnis der Religionen betrifft.

Kapitel 4 | Ein Gott

> Ist *ein* Gott etwas anderes als einer unter mehreren Göttern?
> Was kann man von einem Gott wissen, der im Jenseits existiert?
> Warum ist jedes Bild von Gott schon ein Götze?
> Macht Monotheismus aggressiv und intolerant?
> Kann man von Gott überhaupt sprechen?
> Soll man sagen, dass ER eine Person ist?

Der Glaube an den einen und einzigen Gott der Bibel ist in der jüdischen Religionsgeschichte vor dem babylonischen Exil im 5. Jahrhundert v. Chr. nur spärlich zu finden. In der altorientalischen Religionswelt ist ein strikter Monotheismus keine weitere, ergänzende Spielart der religiösen Vorstellungswelten, sondern eine Revolution.

Waren die polytheistischen Götter ein Spiegel der natürlichen und sozialen Kräfte und damit zusammenwirkende, aber auch antagonistische Teile der Welt, so ist *ein* Gott kein Teil der Welt, sondern nur im *Gegenüber* zur Welt denkbar (▷ KE 11, 84 ff.). Gottes Macht ist nicht begrenzt durch die Macht anderer Götter, die im Gefüge der Welt sich gegenseitig die Waage halten, sondern von grundlegend anderer Natur und ohne Grenzen. *Ein* Gott ist notwendig allmächtig.

Hinzu kommt, dass die Verehrung *eines* Gottes der Schwierigkeit unterliegt, dass sie auf keine plausible, symbolische Repräsentation zurückgreifen kann. Im Polytheismus werden die Götter in ihrem Kultbild verehrt, das in seiner Gestaltung auf die Eigenschaften und Zuständigkeiten der Gottheit Bezug nimmt. Der *eine* transzendente (jenseitige) Gott kann aber in keinem irdischen Bild repräsentiert werden. Jedes Bild geht notwendigerweise von etwas Innerweltlichem aus und ist für den strengen Monotheismus schon deshalb ein »falscher Gott«. In der abgelehnten IDOLATRIE (Bilderverehrung) werden Schöpfer und Geschöpf verwechselt (▷ KE 11, 85 ff.). Alle vorherige Gottesverehrung in Symbolen und Bildern wird nun als Götzendienst verurteilt, der am wahren Gott vorbeigeht.

*

Die Jenseitigkeit des einen Gottes hat zur Folge, dass er in keiner weltlichen Gegebenheit dingfest gemacht werden kann. Er kann sich in allem Irdischen manifestieren, ist aber an diese Manifestation nicht gebunden und deshalb nicht klar und dauerhaft unterscheidbar. Aus der Welt und ihren Gegebenheiten kann an keiner Stelle zuverlässig auf Gott geschlossen werden. Gott ist der Welt entzogen und es gibt keine Brücke von unten nach oben. Die Propheten kritisieren deshalb den Opferkult und den Glauben an Rituale und heilige Bezirke, in denen die Gottheit in besonderer Weise anschaulich oder spürbar würde.

Eine solch abstrakte, universale Gottesvorstellung hat allerdings oft eine Tendenz zum PANTHEISMUS, dem Glauben, dass Gott identisch mit der Welt bzw. der Natur selbst ist. Er wäre dann nur vorstellbar als unpersönliche, kosmische Lebenskraft und ewiges Daseinsprinzip.

In der Bibel tritt der eine Gott jedoch als Person mit forderndem Willen in der menschlichen Geschichte auf. Gott offenbart sich einzelnen Personen. Hier entsteht eine neue, nicht unerhebliche Schwierigkeit: Wenn Gott aus der Welt prinzipiell unerkennbar ist und sein Wille nur über eine Selbstoffenbarung für den Menschen bekannt wird, dann wird es in höchstem Maße auf die Glaubwürdigkeit und zweifelsfreie Verlässlichkeit dieser Offenbarung ankommen, weil diese ja durch kein Weltwissen überprüfbar ist. Noch problematischer ist dann die Weitergabe dieser geoffenbarten Gotteserkenntnis in einem Traditionsprozess, der gläubige Annahme und eigenen inneren Nachvollzug verlangt (▷ KE 11, 36).

*

Die grundlegende Offenbarung des einen biblischen Gottes wird in Ex 3 mit der Erscheinung Gottes im brennenden Dornbusch vor Mose berichtet. Gott nimmt Mose in seinen Dienst, um sein Volk aus Ägypten herauszuführen (EXODUS). Dabei verkündet er ihm seinen Namen JAHWE und verbindet diesen mit der vorangegangenen Geschichte des Volkes Israel (der Gott der Väter).

Der geoffenbarte Name als Tetragramm JHWH kann verschieden gedeutet werden: Das hebräische Wort kann mit »der Seiende« wiedergegeben werden, aus dem Gedanken heraus, dass über einen nicht feststellbaren Gott nichts anderes aussagbar ist als sein »Sein« und »Wirken«. Insofern er freie Person ist, entzieht er sich einer Typisierung und Festlegung und nennt einen Namen, der eigentlich das Gegenteil von einem identifizierenden Namen beinhaltet (▷ KE 11, 88 f.).

JHWH kann auch verstanden werden als der Mit-Seiende, da seine Selbstoffenbarung in unlösbarem Zusammenhang mit seinem Interesse am geschichtlichen Schicksal Israels steht. Darin offenbart er einen Wesenszug seiner Göttlichkeit: Er ist der treue Begleiter des Volkes und aller Menschen, die sich ihm anvertrauen.

Die sehr strikte Auffassung von der Majestät Gottes führt im Judentum zur Tabuisierung des JHWH-Namens, der dort nicht ausgesprochen, sondern durch ADONAI (»Herr«) ersetzt oder umschrieben wird (»der Höchste«). In der lutherischen Bibelübersetzung ist JHWH ebenfalls mit HERR wiedergegeben.

*

Das alttestamentliche Gottesbild gewinnt seine charakteristische Gestalt in der mosaischen Exodus- und Sinai-Überlieferung. Zentrales Symbol ist die Rede vom »wandernden Gottesvolk«, dem Jahwe »vorauszieht«. Er wird als verlässlicher Bundespartner in allen Bedrängnissen erfahren, alle Niederlagen und Siege werden ihm zugerechnet. »Gott als Begleiter auf dem Weg durch die Geschichte« ist das Glaubensbild des AT, das eine große zukunftsgestaltende und identitätsbildende Kraft entfaltet. So tritt neben die Vorstellungsformel »der Gott Abrahams, Isaaks und Jakobs« die identifizierende Bezeichnung: »der Gott, der dich aus Ägypten herausgeführt und dir das gelobte Land gezeigt hat«. Gott wird als der transzendente Weltenherr begriffen, der aber ein Volk erwählt hat, dem er zum treuen Bundespartner und Begleiter geworden ist. Die innere Spannung zwischen dem universalistischen Anspruch des einen Gottes und der partikularistisch-nationalistischen Bundesgottheit JHWH macht den alttestamentlichen Gottesglauben zu einer stets umstrittenen und immer neu bedachten Angelegenheit des Einzelnen wie des ganzen Volkes.

*

Um sich in der polytheistischen Religionswelt behaupten zu können, entwickelt der alttestamentliche Glaube eine heftige und feindselige Opposition zu den Bilderwelten der Nachbarreligionen. In vielen Texten ist diese Abwehrhaltung dokumentiert (z. B. Ps 115, Jer c10; Bildnisverbot im Dekalog: Ex 20,3 ff.; Dtn 5,7 ff.), die sich auch deshalb so vehement gebärdet, weil in Israel selbst der Monotheismus keineswegs unangefochten praktiziert wird.

Die Abwendung von einem evident-plausiblen Kultbild hin zu einer sehr abstrakten Gottesvorstellung einerseits und andererseits die direkte Inanspruchnahme des Volkes und der Gemeinschaft durch einen frei erwählenden Gott führen zu einem neuen, so gefährdeten wie hoch emotionalen Gottesverhältnis: Die Offenbarung dieses Gottes muss mit innerer

Leidenschaft nachvollzogen werden und fordert den ganzen Menschen in seiner Affektivität und Rationalität. Dies drückt sich im jüdischen Glaubensbekenntnis ganz deutlich aus:

> »Höre Israel, unser Gott ist Einer.
> Und du sollst den Herrn, deinen Gott,
> lieben von ganzem Herzen,
> von ganzer Seele und mit all deiner Kraft.« *Dtn 6,5*

Der alttestamentliche Glaube an den einen Gott, der gleichzeitig in absoluter Transzendenz der Welt entzogen ist und sich doch in die menschliche Geschichte einmischt, entwickelt eine große Gefühlsintensität, ein Wesenszug, der von Religionswissenschaftlern heute auch kritisch gesehen wird: Der Glaube an diesen Gott wird zur »Herzenssache«, die den ganzen Menschen beansprucht (▷ KE 11, 85 f.).

*

Religionswissenschaftler wie der Ägyptologe JAN ASSMANN (*1938) sehen in diesem leidenschaftlichen Monotheismus, der zwischen dem wahren Gott und den falschen Götzen strikt unterscheidet, eine wenigstens latent gewalttätige und fanatisch-intolerante Tendenz am Werke.

In den traditionellen Religionen sind die Götter – eigene und fremde – eine gelassen hingenommene Selbstverständlichkeit und es kommt nur auf die zu respektierende Trennung zwischen heilig und profan bzw. zwischen rein und unrein an. Deren Missachtung kann durch Sühneopferriten und Reinigungsrituale wiedergutgemacht werden.

Im Monotheismus entsteht erstmals die religiöse Trennung von wahr und falsch. Die Verehrung von falschen Göttern ist eine Sünde, die aus der schuldhaften Abwendung vom wahren Gott kommt und durch den Menschen nicht wiedergutgemacht werden kann. Die Gebote der ersten Tafel des Dekalogs richten ihr besonderes Augenmerk auf die heidnische Idolatrie und drohen empfindliche Strafen für die Abweichung vom »richtigen« Glauben an.

Der Polytheismus ist weniger ethisch ausgerichtet. Eine äußerliche Respektierung der Regeln genügt, um im Religions- und Staatssystem seinen Platz zu erhalten. Der jüdische Monotheismus entfaltet über seine gottgegebenen Gebote, die stark ins persönliche und gesellschaftliche Leben (sog. ZWEITE TAFEL DES DEKALOGS) eingreifen, eine große sittliche Kraft. Mit dem Versuch ihrer Durchsetzung wächst aber die Bereitschaft, gesellschaftliche Kontrollmechanismen auch mit der Möglichkeit zum Zwang zu entwickeln. Der Vorwurf aus heutiger Sicht lautet daher: Monotheismus macht intolerant.

*

Die leidenschaftliche Inspruchnahme des ganzen Menschen durch Gott ist auch das leitende Motiv in der theologischen Analyse Luthers. Vom Menschen aus betrachtet ist »Gott« das, worauf der Einzelne aus tiefster Überzeugung vertraut und worin er sein Dasein gründet. Im *Großen Katechismus* definiert Luther Gott als »das, woran du dein Herz hängst« (▷ KE 11, 96). Gott ist nicht eine Orientierungsmarke neben anderen, sondern er ist der eine entscheidende Dreh- und Angelpunkt menschlicher Existenz. Wann immer vom tiefsten und letzten Sinn des Lebens, vom Grund jeder Hoffnung die Rede ist, dann ist in Wahrheit Gott gemeint. An Gott glauben heißt, wie Luther in der Erklärung zu den Geboten deutlich macht: »Gott über alle Dinge fürchten, lieben und vertrauen.« Der Gehorsam gegenüber den Geboten folgt der intakten Beziehung zu Gott wie von selbst.

Dem Glauben als vollständiger Hingabe und umfassendem Vertrauensakt steht die Sünde gegenüber, die darin besteht, seine Orientierung, Rechtfertigung und Sicherheit aus sich selbst oder aus den Dingen der Welt, den Abgöttern, gewinnen zu wollen.

Die biblisch-monotheistische Vorstellung von Gott, wie sie auch Luthers Theologie bestimmt, lässt keinen Platz für ein Nebeneinander von Gottesbezug und anderen weltlich-irdischen Begründungen und Erfüllungen menschlicher Existenz: Gott ist »das, was uns unbedingt angeht« (Paul Tillich) und die »alles bestimmende Wirklichkeit« (Wolfhart Pannenberg).

*

Wenn Gott nicht in Bildern dargestellt werden darf, weil jedes irdische Abbild als eine Transzendenzverletzung angesehen werden muss, stellt sich die Frage, wie überhaupt angemessen von Gott gesprochen werden kann, denn auch Worte gehen letztlich auf Bilder zurück. PAUL TILLICH (1886–1965) weist deshalb auch darauf hin, dass es nicht möglich ist, von der Existenz Gottes so zu sprechen, dass man Gott unter die Menge der existierenden Objekte einreiht. Gott wäre dann den Kategorien unserer endlichen Welt unterworfen und nicht mehr Gott (▷ KE 11, 92).

> Sobald dem höchsten Wesen unendliche Macht oder unbedingte Macht und Bedeutung zugeschrieben wird, hat es aufgehört, ein Wesen zu sein und ist das Sein-selbst geworden.[1]

Diese Aussage – Gott als das Sein-selbst – entgeht zwar der Verkleinerung Gottes zum anthropomorphen Götzen, hat aber den Nachteil, dass über Gott dann nichts Konkretes mehr ausgesagt werden kann. Paul Tillich plädiert deshalb dafür, sich Gott in symbolischer Rede zu nähern.

Ein Symbol ist mehr als ein Zeichen, das nur aufgrund einer Übereinkunft auf eine bestimmte Sache hinweist und jederzeit ausgewechselt werden kann. Ein Symbol ist nicht die Sache selbst, die grundlegende Differenz zum Bezeichneten bleibt bestehen; aber ein Symbol hat Anteil an der Sache, auf die es verweist. Es ist nicht austauschbar. Wenn von Gott als »liebendem Vater« gesprochen wird, so ist damit nicht die – naiv-metaphysische – Aussage eingeschlossen, dass Götter Kinder zeugen. Aber das Verhältnis eines liebenden menschlichen Vater zu seinen Kindern kann zum symbolischen Ausdruck für das Gottesverhältnis werden. Wenn Gott als der »Schöpfer« bezeichnet wird, so ist wiederum damit keine Aussage gemeint, »über etwas, das Gott in grauer Vorzeit getan hat«, sondern es handelt sich um einen symbolischen Ausdruck für das heimatlich-vertrauensvolle Verhältnis des Menschen zu seiner Welt, in die er sich gestellt fühlt und für die er Verantwortung übernehmen will.

> Glaube ist nicht das Für-wahr-Halten von Geschichten, sondern er ist die Annahme von Symbolen, die unser unbedingtes Ergriffensein im Bild göttlichen Handelns ausdrücken.[2]

*

Wenn die theologische Rede von Gott aber nur »symbolisch« zu verstehen ist, stellt sich die Frage, ob damit überhaupt eine äußere Realität gemeint sein soll oder ob es der religiösen Sprache nur um den poetischen Ausdruck subjektiver Befindlichkeiten oder um ein zwischenmenschliches Geschehen geht.

In der Tat werden theologische Aussagen über Gott dann zu Recht kritisiert, wenn sie als wissenschaftliche Aussagen mit der methodisch notwendigen distanzierten Neutralität zum Gegenstand, sozusagen »unin-

---

1   Paul Tillich, Systematische Theologie, Bd 1, Berlin 1987, S. 273.
2   Ebd.

teressiert«, vorgetragen werden. Für theologische Sätze gilt die Distanz zum Beobachteten – sonst ein wesentliches Merkmal wissenschaftlicher Redeweise – grundsätzlich nicht, denn sie treffen nicht objektive Feststellungen, sondern sind immer auch der Ausdruck existentieller Erfahrungen und schließen daher eine Art Bekenntnis mit ein.

*

»Einen Gott, den es gibt, gibt es nicht.« Dieser Satz DIETRICH BONHOEFFERS (1906–1945) lässt sich so verstehen, dass jeder theologische Satz über Gott, der seinen Gegenstand »Gott« unter die neutralen Objekte und Zusammenhänge der Welt einreiht, die »es gibt«, von vornherein sein Ziel verfehlt. Keine Aussage über Gott kann für sich stehen, ohne den Sprecher und seine Erfahrung zu berücksichtigen. Wenn es Gott gibt, geht er mich unmittelbar an. Der neutrale Satz: »Es gibt Gott, aber er interessiert mich nicht«, stellt deshalb einen inneren, begrifflichen Widerspruch dar.

Neutral wissenschaftlich-theologisch kann über Gott nur so geredet werden, dass Erfahrungen begrifflich expliziert, gedeutet und mit anderen Glaubens-Erfahrungen z. B. der Bibel verglichen werden. Im theologischen Streit kann kein objektiver Wahrheitsbeweis angetreten werden, aber die Auseinandersetzung verläuft in Bahnen, die durch den Bezug zur Bibel und den Gebrauch der Vernunft abgesteckt sind. In seinem berühmten Schlusswort auf dem Wormser Reichstag 1521 nennt Luther ausdrücklich die Kriterien, die für ihn gelten bzw. die ihn zu einem Widerruf veranlassen könnten:

> Wenn ich nicht durch Zeugnisse der Schrift und klare Vernunftgründe überzeugt werde, so bin ich durch die Stellen der Heiligen Schrift, die ich angeführt habe, überwunden in meinem Gewissen und gefangen in dem Worte Gottes. Daher kann und will ich nichts widerrufen, weil wider das Gewissen etwas zu tun weder sicher noch heilsam ist. Gott helfe mir, Amen!

*

Der nicht zu eliminierende existenzielle Bezug und die innere Beteiligung des Sprechers bei jeder theologischen Rede muss nicht so verstanden werden, als sei nur von inneren Befindlichkeiten die Rede. Auch der Appell, sich selbst in bestimmter Weise – als Geschöpf – zu verstehen oder ethisch zu verhalten, wie er in theologischen Sätzen zum Ausdruck kommt (z. B. »Ich glaube, dass mich Gott erschaffen hat …«), gründet in

Aussagen über die Wirklichkeit, die wahr oder falsch sein können. Auch wenn Glaubensaussagen nicht als metaphysische Realitätsbehauptungen aufrechtzuerhalten sind, beziehen sie sich auf eine Vorstellung von der äußeren Welt und ihrer inneren Gesetzmäßigkeit, z. B.: »Die Welt ist die gute Schöpfung Gottes!« Damit wird etwas über die Wirklichkeit behauptet, das nicht der unmittelbaren Verifizierung zugänglich ist, aber diese symbolische Rede hält eine Glaubenserkenntnis über die Welt fest, die eine Begründung für eine bestimmte Lebensweise, ein Selbstverständnis und eine erkannte ethische Verantwortung darstellt, nämlich:

> Dass christliches Reden von Gott unverzichtbar den Charakter der Behauptung einer Wirklichkeit behält – einer Wirklichkeit, die nicht aufgeht in dem, was in der Welt wirklich ist ...[3]

*

Die theologisch begründete Zurückhaltung bei der Verwendung von anthropomorphen Bildern für Aussagen über Gott hat in der mittelalterlichen Theologie dazu geführt, dass jede positive Aussage über Gott als Verletzung seiner Transzendenz und Andersartigkeit angesehen wurde und man deshalb nur noch negative Aussagen zulassen wollte *(via negationis)*. Ausgehend von unserer Welterfahrung kann man über Gott nur noch sagen, was er nicht ist.

Daraus erhebt sich aber die Frage, ob von Gott dann noch als Person gesprochen und – als Folge – ob zu ihm gebetet und in welcher Weise er verehrt werden kann. Der Satz »Gott ist eine Person« reiht ihn in eine Klasse von bestimmten Objekten – »Personen« – ein und kann deshalb als offensichtlicher Anthropomorphismus entlarvt werden. Fraglich bleibt aber, ob aus dieser Kritik eine Begründung dafür folgt, von Gott apersonal zu reden. Schließlich würde ihn eine solche Redeweise nur in eine andere Klasse – menschlich bestimmter – Objekte einsortieren, also etwa die der Prinzipien, Kräfte, Gesetze oder anderer abstrakter Vorstellungen. Darüber hinaus hätte diese Vorgehensweise den Nachteil, dass sie der Lebendigkeit und Freiheit Gottes, wie sie in den biblischen Zeugnissen eine große Rolle spielt in keiner Weise gerecht werden könnte. Die apersonale Redeweise würde die Geschichtsbezogenheit Gottes nur schwer zum Ausdruck bringen können und stattdessen Gott in eine abgehobene, weit

---

3   Wilfried Joest, Die Wirklichkeit Gottes, Dogmatik 1, Göttingen, 4. Aufl. 1996, S. 146.

vom menschlichen Leben entfernte Sphäre verlagern. Diese distanziert-philosophische Darstellung Gottes könnte daher ebenso als »anthropomorph« und vereinnahmend angesehen werden. Insofern kann man zu dem Schluss kommen:

> Es ist vielleicht nicht so wichtig, den abstrakten und formalen Satz zu verfechten: »Gott ist Person«. Aber unmöglich ist es, zu sagen, er ist es nicht.[4]

---

4 Ebd., S. 157.

Kapitel 5 | Jesus Christus

> Kann man herausfinden, was Jesus gepredigt hat?
> War er ein apokalyptischer Weltuntergangsprophet?
> Wie haben die ersten Christen sein Auftreten gedeutet?
> Muss man daran glauben, dass das Grab leer war?
> Wenn Jesus auferweckt wurde, ist sein Tod dann noch wichtig?
> Hat er sich geopfert? Wofür? Wovon sind wir jetzt erlöst?

Der Inhalt der Botschaft Jesu ist, da es von Jesus selbst keine schriftlichen Aufzeichnungen gibt, nur aus den neutestamentlichen Quellen zu rekonstruieren. Sie stellen Jesus auch dort, wo sie auf überlieferte Jesus-Worte zurückgreifen, aus der Perspektive der Osterereignisse dar, sodass der Kern der Predigt des historischen Jesus von Nazareth in ihnen immer nur durchscheint und kaum je ganz konturenscharf ergriffen werden kann.

Bei aller Eigenart der Gottesverkündigung Jesu ist doch zunächst festzuhalten, dass sein Gott der Gott Jahwe des Alten Testaments ist (vgl. Kapitel 4: Ein Gott). Wie vor ihm die Propheten gerät er in Konflikte mit den jüdischen Glaubensautoritäten, die schließlich zu seiner Verurteilung wegen Gotteslästerung führen. Im Neuen Testament werden die Streitpunkte mit dem zeitgenössischen Judentum besonders stark herausgearbeitet, während die selbstverständliche, gemeinsame Grundlage des Jahwe-Glaubens unbewusst vorausgesetzt ist.

Für den christlichen Gottesglauben war von Anfang an nicht das unverfälschte Wort Jesu verbindlich, so als ob Gott durch ihn als bloßes Sprachrohr zu den Menschen gesprochen hätte. Zum Wort Gottes wird die Botschaft Jesu nach christlichem Verständnis nur im Zusammenhang mit dem Handeln Gottes in Kreuz und Auferstehung. Insofern gehört die Gottesverkündigung des Jesus von Nazareth zu den Voraussetzungen des christlichen Gottesglaubens.

*

Der erste Evangelist Markus fasst den Kern der Verkündigung Jesu so zusammen:

> Die Zeit ist erfüllt, das Reich Gottes ist nahe! Kehrt um und vertraut auf diese gute Botschaft! *Mk 1,15*

Die Quellen lassen Jesu Bewusstsein von der drängenden, personalen Nähe Gottes erkennen, das sich in der von ihm überlieferten Gottesanrede ABBA (= lieber Vater) im Gebet und überhaupt in der für damalige Ohren ungewöhnlichen, fast respektlosen Verwendung des Vaternamens für Gott ausdrückt. Jesu Bewusstsein der Unmittelbarkeit Gottes in allen Bereichen des Lebens macht die Faszination und Neuartigkeit seiner Rede von Gott aus, denn es stellt geltende Ordnungen, Freiräume und Grenzziehungen fundamental in Frage.

Viele der im Neuen Testament überlieferten Auseinandersetzungen Jesu mit seinen Gegnern drehen sich um die Auslegung des jüdischen Gesetzes, wobei ihm vorgeworfen wird, die Thora zu missachten. Jesus fordert keine Aufhebung des Gesetzes, aber er teilt nicht das Interesse der Schriftgelehrten, die Gebote im Sinne der KASUISTIK zur praktikablen, anpassungsfähigen Lebensordnung zu machen. Die Nähe Gottes verlangt aus seiner Sicht, dass sich jeder Mensch seiner Verantwortung unmittelbar bewusst wird und darauf verzichtet, sich hinter der formalen Einhaltung eines Gesetzes zurückzuziehen. Jesus betrachtet das Gebot von seiner ursprünglichen Intention her und das kann im Einzelfall ebenso zur bewussten Überschreitung führen wie zu einem verschärften Gehorsam. Die formale Autorität des mosaischen Gesetzes ist für Jesus nicht mehr unantastbar (siehe auch Kapitel 15).

*

Jesus fragt hinter das Gesetz des Mose zurück; ihm geht es um den eigentlichen, menschenfreundlichen Willen Gottes, der allein im gegenwärtigen, kritischen Augenblick zählt und alle kleinlichen Spitzfindigkeiten und die horizontlose Sorge um sich selber beiseite räumt. Er sieht in Gott auch nicht in erster Linie den Weltenrichter, der sich mit der Durchsetzung seines Gebotes noch Zeit lässt, sondern stellt das Handeln des Menschen in jedem Moment ganz unter die Augen Gottes, die bis in den tiefsten Herzensgrund sehen. Die Nähe Gottes zum Herzen des Menschen ist nicht die eines distanziert-neutralen Richters, sondern die des liebenden und gnädigen Vaters, der an seinem Geschöpf mehr Interesse hat, als zwischen Gehorsam und Übertretung zu unterscheiden. Im Namen dieses Gottes wagt es Jesus, die Vergebung von Sünden zuzusprechen und damit den Anspruch des jüdischen Gesetzes bewusst zu übergehen (▷ KE 12, 57 und 59).

*

Das Gottesbild Jesu erhält seine Farben aus Vergleichen mit der unermüdlich Leben spendenden Natur. Gott, der Schöpfer und Erhalter der Welt, rechnet nicht kleinlich mit seinen Wohltaten, sondern »lässt seine Sonne scheinen über Gerechte und Ungerechte«. Die Verkündigung Jesu lädt daher zu einem Lebensgefühl der Daseinsfreude und Dankbarkeit der Kinder Gottes ein. Auch wenn Jesus sich zu den Menschen seines Volkes gesandt sieht, trägt dieses Gottesverständnis doch so stark universale Züge, dass eine strikte Begrenzung auf Israel dazu in Widerspruch treten müsste. Auch das zentrale Heiligtum des jüdischen Volkes, der Tempel in Jerusalem, unterliegt wegen seiner veräußerlichten Kult-Betriebsamkeit der Kritik Jesu. Die Erfahrung, dass Gott dem Menschen überall nahe ist, wird durch den Kult als besondere Verbindung zu Gott eher verdunkelt. Die kultische Reinheitsgesetzgebung des Judentums erscheint Jesus angesichts des Hereinbrechens der lebendigen Kraft Gottes als ausgetüfteltes Menschenwerk und wird ignoriert oder schlicht aufgehoben.

Im Angesicht des nahen Gottes kann Jesus auf Sicherheiten und Besitz verzichten und in provozierender Offenheit aus einem elementaren Vertrauen heraus leben: Der Mensch lebt nicht aus sich selbst, sondern aus Gott. Wer es versteht, aus dieser Erkenntnis Vertrauen zu schöpfen, den nennt Jesus selig, denn Gott wird dieses Vertrauen nicht enttäuschen. Am Anfang der Botschaft Jesu steht deshalb auch kein Appell und keine Forderung, sondern die Einladung dazu, eine Erfahrung mit Gott zu machen, indem man sich von seiner fürsorgenden Liebe tragen und freimachen lässt.

Aus diesem Gedanken erklärt sich die besondere Nähe Jesu zu den Schwachen, Armen und Ausgestoßenen, denn sie sind für diese Erfahrung leichter zu gewinnen als Menschen, die im Bewusstsein eigener Kraft und eigenen Reichtums ihre Bedürftigkeit gegenüber Gott nur schwer erkennen.

*

Die VERKÜNDIGUNG JESU VOM NAHEN GOTT hat ihren Platz in ihrer geschichtlichen Situation und muss deshalb auf dem Hintergrund der APOKALYPTISCHEN ZEITSTRÖMUNG verstanden werden. Wie die Apokalyptiker steht Jesus unter der Naherwartung einer geschichtlichen Wende, wie sie predigt er Umkehr und das unmittelbar bevorstehende Gericht, wie sie wird er dafür von den politischen und religiösen Autoritäten verfolgt. Aber der Grundtenor seiner Botschaft ist keine Drohung und keine Ankündigung der Katastrophe, sondern eine Einladung, sich auf die veränderte Wirklichkeit durch die Nähe Gottes einzustellen und sich von seiner Zuwendung und Gnade tragen zu lassen. Auch findet sich in der Botschaft Jesu kein geheimes Wissen über den Zeitpunkt, an dem Gott sein Reich aufrichten wird, wie es für die apokalyptische Predigt typisch ist. Jesus spricht in der Gegenwart: Der Augenblick ist gekommen, das Reich Gottes ist »mitten unter euch«. Er macht damit deutlich, dass er eine andere Dimension des Reiches Gottes anspricht als die Apokalyptiker mit ihrer Rede von den geheimen Zeichen, die den nahen Sieg Gottes über die bösen Mächte in Erdbeben, Feuerregen und Entscheidungsschlachten voraussagen.

Die GLEICHNISSE JESU, in denen seine Auffassung vom nahenden Gottesreich ihre besondere Ausdrucksform findet, sind weder von Rachefantasien noch von Endzeitangst geprägt. Sie verlangen keine Entschlüsselung, sondern sprechen offen und allgemeinverständlich von Gott und seinem Reich in weltlichen, meist aus der Naturerfahrung stammenden Bildern. Ihr Gehalt ist, dass sich die überfließende Schöpferkraft und Güte Gottes jetzt durchsetzt. Dem Menschen bleibt, sich darüber zu freuen und sich dieser Macht der Liebe ruhig anzuvertrauen. Die Umkehr, zu der Jesus ruft, erfordert weder Zerknirschung noch Askese, sondern das Einstellen auf Gottes Kraft, der sich der Mensch nur zum eigenen Schaden verweigert.

*

Im Unterschied zu der – rekonstruierten – Gottesverkündigung Jesu ist bei den Autoren des Neuen Testaments die Suche nach einem neuen Ausdruck für den Gottesglauben erkennbar, der die besondere Erfahrung berücksichtigt, dass Gott in Jesus Christus gehandelt hat.

Die Verkündigung Jesu von der Gnade und Nähe Gottes bildet dazu zwar die Basis. Jedoch bewirken die Verstörung über sein Ende ebenso wie die euphorisierenden Ostererlebnisse, dass in ganz neuer Weise über die Bedeutung dieses Menschen für den Glauben an Gott nachgedacht wird. Von einem Glauben an Gott – wie Jesus selbst geglaubt hat – führt der Weg nun zu einem Glauben *an* Jesus Christus, den Gott gesandt hat.

Der Sinn seiner Sendung durch Gott wird zum beherrschenden Thema der neutestamentlichen Literatur, sowohl in den Evangelien, die seinen Weg unter dieser Fragestellung nacherzählen, als auch in den theologischen Überlegungen der Briefe. Es ist verständlich, dass die Evangelien kein Interesse an historischer Neutralität haben, sondern von Anfang an das Leben des Jesus von Nazareth ganz bewusst als das Kommen des Retters deuten – jedes Evangelium auf seine besondere Weise.

*

Die ersten Versuche in dieser Richtung finden sich bei Paulus, der in Phil 2,6–11 einen frühen Christus-Hymnus aufgreift und charakteristisch erweitert (▷ KE 11, 99). Das Leben Jesu wird mit dem Motiv vom *Weg des Erlösers* gedeutet, wie er in der zeitgenössischen religiösen Umwelt allgemein bekannt war. Charakteristisch ist das Schema vom Herabsteigen des Gottgleichen in die Welt der Menschen und seine Rückkehr in die Götterwelt nach vollbrachter Erlösungstat.

> Er erniedrigte sich selbst und ward gehorsam bis zum Tode, ja zum Tode am Kreuz. Darum hat ihn auch Gott erhöht und hat ihm den Namen gegeben, der über alle Namen ist. *Phil 2,8f.*

Dieses Schema wird hier zum Verstehen des Weges Jesu herangezogen: Seine Sendung zu den Menschen ist der Weg der *Erniedrigung*, den er klaglos und konsequent bis zum Ende am Kreuz geht. Seine Auferweckung und *Erhöhung* führt ihn zurück zu Gott. Die Kreuzigung selbst, so wird von Paulus betont, ist die Erlösungstat, die zur Versöhnung von Gott und Mensch geschieht.

*

Dieses Grundschema zum Verständnis des Wirkens Jesu setzt sich gegenüber anderen Deutungsversuchen durch und bestimmt über die späteren Glaubensbekenntnisse bis heute den christlichen Glauben. Im Zweiten Artikel des *Apostolischen Glaubensbekenntnisses* ist der Abstieg des Gottessohnes noch um eine Stufe erweitert, sodass auch die Welt der Toten von seiner Sendung eingeholt wird:

> Hinabgestiegen in das Reich des Todes
> am dritten Tage auferstanden von den Toten

Der Rückgriff auf das mythische Schema macht deutlich: Die Erlösung des Menschen kommt von außen, von Gott, und ist unabhängig von aller moralischen Kraft und menschlichen Größe. Nur die Verbindung mit dem Erlöser in gläubiger Hingabe befreit.

Die Erweiterung des Abstiegs – Paulus ergänzt das Kreuz, das Apostolikum die Unterwelt – soll sicherstellen, dass die Erlösungstat alle Ebenen menschlichen Lebens und Leidens einschließt.

*

Von welcher Art und welchem genauen Inhalt die Erfahrungen gewesen sind, die nach der Kreuzigung Jesu dazu geführt haben, dass Jesu Leben einschließlich seines schmachvollen Todes plötzlich noch einmal völlig neu bewertet wurde, lässt sich historisch nicht klären. Auch die immer wieder diskutierte Frage, ob die Überlieferung vom leeren Grab – ebenso wie manche kräftig ausgemalten Erzählungen über die Erscheinungen des Auferstandenen – in das Reich späterer Legenden gehört, ist letztlich unerheblich.

Entscheidend ist, dass die ersten Zeugen in einem übereinstimmen: Jesus ist auferstanden und von Gott erhöht worden. Ein eigenes historisches Ereignis der AUFERSTEHUNG oder AUFERWECKUNG lässt sich aus den Texten nicht herauspräparieren. Historisch greifbar ist lediglich der unerwartete und radikale Sinneswandel der Anhängerschaft, die sich in der Gewissheit neu formiert, dass »ihr« Jesus, der vor aller Augen gekreuzigt wurde, von Gott zum Retter gemacht und erhöht worden ist.

Man kann dies so verstehen, dass die Auferweckung Jesu diese Erleuchtung und innere Gewissheit beschreibt, die es möglich machte, an Jesus trotz und dann gerade wegen seines Kreuzestodes zu glauben. Dann wäre Auferstehung in erster Linie ein Vorgang, der sich – ausgelöst durch den Geist Gottes – im Glauben der Jünger vollzogen hätte. Eine theologische Formel kennzeichnet diese Deutung: Jesus ist in das Kerygma (Botschaft, Verkündigung des Glaubens) hinein auferstanden (siehe Kapitel 3: Die Bibel).

Dieser Satz ist kritisiert worden, weil er anzudeuten scheint, dass der Kern des christlichen Glaubens – die »Auferweckung und Erhöhung Jesu Christi durch Gott« – nur eine mythologische Formel ist. In Wirklichkeit wäre dann nur das Glaubensbewusstsein der Jünger verändert worden.

Dieser Kritik kann man entgegentreten, wenn man untersucht, was hier unter »Wirklichkeit« verstanden werden soll: Gott hat Jesus wirklich auferweckt und erhöht, aber diese Tat Gottes hat keine anderen historisch verifizierbaren Spuren hinterlassen, als eine WENDE IM GLAUBEN. »Wirklich« wird hier ein Geschehen genannt, das die Grenzen der Wirklichkeit in unserer Welt sprengt. Mit der Auferweckung wird ein wirkliches Ereignis behauptet, das sich in einer durchaus über-subjektiven Realität abspielt und zur Ursache und Begründung für den Glauben wird. Als irdisches Mirakel ist es allerdings nicht fassbar.

*

Die Auferweckung Jesu hat nichts gemein mit der in der Bibel öfter berichteten Wiederbelebung eines Toten (▷ KE 11, 109 f.). Selbst in den Erscheinungsberichten des Neuen Testaments bleibt meist eine Grenze gewahrt, die andeutet, dass der Auferstandene nicht mehr der irdischen Sphäre angehört und sein Erscheinen selbst nur den Zweck hat, Glauben und Vertrauen wachzurufen. Der Versuch, historische Indizien für eine leibhafte Auferstehung Jesu zu suchen, um damit den Glauben an seine Sendung zu stützen, führt nicht zum Ziel. Die Glaubwürdigkeit der Auferstehung Jesu Christi hängt nicht mit den Spekulationen über den Verbleib des Leichnams zusammen. Selbst Hinweise darauf, dass das Grab Jesu möglicherweise nicht leer war, würden dem Auferstehungsglauben nicht unbedingt wiedersprechen.

Auch die Auferstehungshoffnung der Gläubigen wird ja nicht dadurch zunichte, dass die Körper nach dem Tod ins Grab gelegt werden und dort nachweisbar zerfallen. Der Auferstehungsglaube vertraut auf die Kraft Gottes Neues zu erschaffen und richtet sich grundsätzlich auf eine andere Dimension des Lebens als die bekannte irdische (▷ KE 11, 108).

*

Die Auferstehung Jesu Christi ist für die ersten Zeugen gleichbedeutend mit seiner Erhöhung zu Gott und ähnelt schon deshalb in keiner Weise dem Wunder der Wiederbelebung eines Toten. Ist Christus auferstanden, dann »sitzt er zur Rechten Gottes« und herrscht – wie es das Glaubensbekenntnis ausdrückt. Dieser Glaube an die Erhöhung Jesu Christi durch Gott verlangte aber, sich Gewissheit über den Sinn seines Kreuzestodes zu verschaffen:

> Wenn Jesus der Messias Gottes war und auferweckt wurde, bleibt völlig unverständlich, warum sein Leben in der öffentlichen Katastrophe am Kreuz geendet hat. Ja, dieses Ende in Gottverlassenheit wirft einen tiefen Schatten auf die Behauptung von seiner Auferweckung.[1]

Im Neuen Testament finden sich eine ganze Reihe unterschiedlicher Deutungen und Vorstellungen zu der Frage, warum der Tod Jesu notwendig

---

1 Otto Hermann Pesch, Warum musste Jesus am Kreuz sterben?, in: zur debatte 7(2009), S. 19 ff.

war: Der Tod Jesu wird mit dem Tod anderer Märtyrer und Propheten verglichen oder im Zusammenhang mit der antiken Freundschaftsethik als freiwilliges Sterben des Freundes für andere zur Abwehr von Unheil gesehen.

Am folgenreichsten war die Deutung des Todes Jesu durch einen alttestamentlichen Text (Jes 53) vom Leiden des unschuldigen Gottesknechts, der die verdiente Strafe der anderen freiwillig auf sich nimmt. Ob der Tod Jesu mit dem Bild des Passahlamms (1 Kor 5,7), des Versöhnungsopfers durch den Hohepriester (Hebr 9,1–10.18) oder dem des Sündenbocks (Lev 16,20) gedeutet wird, in jedem Fall geht es den Verfassern darum, das »Für uns« des Todes im Verstehenshorizont des Alten Testaments zu erklären.

Paulus überschreitet diese Grenze und versucht hellenistisch-philosophische Vorstellungen mit einzubeziehen, wenn er das Paradox aufstellt, dass sich die Weisheit Gottes gerade unter der Torheit des Kreuzes zeigen kann (1 Kor 1,20–25). Der Plan Gottes ist für die menschliche Vernunft nicht nachrechenbar und muss deshalb ohne die tiefere Einsicht des Glaubens als Unvernunft erscheinen (▷ KE 11, 101 f.).

*

Im Neuen Testament bleiben die Auferstehungsberichte ganz eng an die Passionsgeschichte Jesu gebunden, sodass keine Abtrennung der Auferweckung Jesu Christi von seinem Tod am Kreuz eintreten kann. Kein anderer als der Gekreuzigte wurde auferweckt und erhöht: In den Erscheinungen zeigt der Auferstandene daher zunächst seine Wundmale.

Wird diese enge Verklammerung von Kreuz und Auferstehung aufgegeben, dann tritt das Kreuz in den Hintergrund und die Auferweckung wird als Mirakel und Machtbeweis Gottes dargestellt, wie das auch aus den heidnischen Mythen und Kulten (z. B. Persephone, Osiris) bekannt ist.

Für das Neuen Testament bleibt aber entscheidend, wem die Tat Gottes gilt: dem erniedrigten, gehorsamen leidenden Menschen Jesus. Er wird erhöht und zum Richter über alle gemacht. Sein Leben ist der neue Maßstab. Dadurch ist auch klar, wem die Verheißung Gottes auf ein ewiges, erlöstes Leben gilt: demjenigen, der Christus nachfolgt und sein Kreuz auf sich nimmt. Es wird also nicht der Sieg des natürlichen Lebens über den Tod gefeiert wie in den heidnischen Kulten, sondern die Entscheidung Gottes, die Ordnung der Welt auf den Kopf zu stellen. Das Kreuz als Zeichen der Schwäche und Ohnmacht wird zum Siegeszeichen, weil Gott auf der Seite der Verlierer steht.

*

Die christliche Theologie verallgemeinert also die Bedeutung des Geschehens: Das Kreuz ist das Resultat der Konfrontation zwischen Gott und der sündigen Welt oder zwischen dem Menschen, wie Gott ihn will, und den irdischen Kräften und Machtmechanismen. Insofern ist der Tod Jesu nicht ein zufälliges geschichtliches Ereignis, sondern die notwendige Konsequenz daraus, dass Gott in dieser Konfrontation seine Macht nicht ausspielt. Das Kreuz ist also die Folge der Langmut und Leidensbereitschaft Gottes. Gott entscheidet den Streit letztlich doch für sich, aber eben nicht durch eine Machtdemonstration, sondern dadurch, dass er Christus auferweckt. Darin bestätigt er sozusagen die Verkündigung Jesu und gibt ihm recht, den die Menschen verurteilt haben. Dieser Sieg Gottes ist aber zunächst nur für den Glauben wirklich. In der irdischen Geschichte muss er sich erst noch durchsetzen – nicht ohne die Mitwirkung der gläubig gewordenen Menschen.

Der Tod Jesu am Kreuz behält also auch nach der Auferweckung seine Bedeutung als das zentrale HEILSEREIGNIS, denn er symbolisiert nach wie vor den tödlichen Konflikt zwischen Gott und der Welt, wie auch den Beginn der Überwindung der Trennung von Gott und Mensch.

Wenn bei Paulus und in anderen neutestamentlichen Schriften davon die Rede ist, dass das Leben und der Tod Jesu am Kreuz das Mittel zur Versöhnung mit Gott sind (wie in Röm 3,25), dann ist das nicht so zu verstehen, als ob Gott ein Opfer zu seiner Besänftigung verlangt habe. Vielmehr ist es gerade der gnädige Gott, der aus dem verbrecherischen Mord der Menschen an Jesus den Anfang der Versöhnung schafft.

*

Bis heute ist die Frage, ob der Tod Christi als »Opfer« zu verstehen ist, Anlass für heftige Diskussionen (▷ KE 11, 104).

Ausgangspunkt ist meist der mittelalterliche Opfergedanke, wie er durch ANSELM VON CANTERBURY (1033–1109) ausgearbeitet wurde: *Cur Deus homo?* Danach muss Gott, um seine durch die menschliche Sünde beleidigte und herabgesetzte Göttlichkeit zu bewahren, eine Sühne einfordern, die der Mensch aber nicht leisten kann. Daher schickt Gott seinen Sohn, um an der Stelle des Menschen die Sühneleistung zu erbringen und so die Gerechtigkeit und Ehre Gottes wiederherzustellen.

Die Gegner dieser Opferlehre erblicken darin ein sadistisches Bild von Gott, der – ganz im Gegensatz zum Vatergott, wie ihn Jesus darstellt – die

Gerechtigkeit höher ansetzt als die Gnade. Er wird dabei zum Gefangenen seiner eigenen Regeln und es ist nur schwer zu verstehen, warum er, wenn er den Menschen erlösen will, nicht einfach vergibt, statt diese blutige Szene mit seinem Sohn am Kreuz zu inszenieren.

Darüber hinaus scheint das mythologisch anmutende Drama von dem Gott, der seinen Sohn zum Opfer hingibt, mit der Vorstellungswelt heutiger Menschen nur noch wenig zu tun zu haben. Damit dieses Opfergeschehen als sinnvoll akzeptiert werden kann, muss ja noch eine weitere Voraussetzung erfüllt sein: Die Menschen, die hier durch das Opfer mit Gott versöhnt werden, müssen sich selbst vor allen persönlichen Verfehlungen als durch die Erbsünde belastet ansehen.

Beides – die von Geburt an bestehende Hypothek der Erbsünde wie auch die erbrachte Sühne dafür durch das Kreuz – sind für den modernen Menschen recht fremde Vorstellungen.

*

In der modernen Theologie werden deshalb Versuche unternommen die Bedeutung des Kreuzes als Opfer neu zu interpretieren. Auch wenn der Begriff ERBSÜNDE eine geringe Rolle spielt, wird doch davon ausgegangen, dass die Notwendigkeit der Versöhnung zwischen Gott und Mensch von der menschlichen Sünde ausgeht. Der Mensch hat einen Irrweg eingeschlagen und muss nun zur Umkehr und Wiedergutmachung finden. Dazu benötigt er die Hilfe Gottes, der im Kreuz die menschlichen Verfehlungen auf sich nimmt und damit den aktiven Part der Versöhnung übernimmt. So kann der christliche Opfergedanke als Aufnahme und Umkehrung des antiken Opfers verstanden werden:

> Bei diesem neuen Opfer wirkt nicht der Mensch auf Gott ein, damit er von seinem Zorn lasse; vielmehr handelt Gott, damit der Mensch von seiner Feindseligkeit gegen Gott und seinen Nächsten ablässt …
>
> Dies Opfer wirkt nicht durch den Tod, sondern durch Überwindung des Todes. … Das neue Opfer Jesu wurde durch die Auferstehung wirksam.[2]

*

Eine grundlegend andere Erklärung des Kreuzes ist dann möglich, wenn man weniger dem Weg der westlichen, an rechtlichen Denkmustern

---

2   Annette Merz/Gerd Theißen, Der historische Jesus, 3. Aufl., Göttingen 1996.

und an der moralisch verstandenen Sünde orientierten Theologie folgt und stattdessen die Erlösungsbedürftigkeit mehr im Todesschicksal des Geschöpfes »Mensch« sieht.

Die Erlösungsbedürftigkeit des Menschen, seine Trennung von Gott, kann statt im falschen Handeln und irre geleiteten Selbstverständnis (Sünde) auch in seiner Lage als endliches und begrenztes Wesen gesehen werden, das in einem unglücklichen Dasein gefangen ist. Was ihn letztlich von Gott trennt, ist der Tod. Das menschliche Leben ist von Unsicherheit, Krankheit, Mangel und Leiden an der Vergänglichkeit bestimmt. Sünde ist eine verzweifelte und letztlich untaugliche, weil in immer neue Schuld verstrickende Auflehnung gegen diesen Mangel.

Erlösung kann dann nur heißen, die Grenzen zu überwinden, die den Menschen wie kein anderes Geschöpf quälen, gerade weil er Gott kennt. Erlösung ist erst in einem anderen Leben, nahe bei Gott, möglich. Aus dieser Sicht, die sich in der Theologie der orthodoxen Christen findet, geschieht die Erlösung in der Auferstehung, wenn Gott tatsächlich neues, ewiges Leben schafft – zuerst für Jesus Christus als dem »Erstling«, dann auch für alle Christen. Das Kreuz als Sinnbild der irdischen Leiden steht dem entgegen und muss erst überwunden werden. Dass Jesus am Kreuz sterben muss, hat dann keinen Opfer-Sinn, sondern zeigt nur, dass Gott über unsere Leiden nicht hinweg geht, dass er sich mit uns auf eine Stufe stellt, aber sich letztlich als stärker erweist und das Kreuz zerbrechen kann. Hätte Gott Christus nicht auferweckt, könnte man auch im Kreuz keinen Sinn erkennen.

*

In der christlichen Tradition sind Sünde und Tod ein Geschwisterpaar, das für die Erlösungsbedürftigkeit der Menschen steht. In der westlichen Theologie und ganz besonders in der Reformation wurde die Erlösung des Menschen als der von Christus bewirkte Freispruch von Schuld angesehen; in der östlich-orthodoxen Theologie ist die Vorstellung von Erlösung eher eine Vergöttlichung des Menschen, der von seinem Todesschicksal befreit wird. Kreuz und Auferweckung sind darauf bezogene Symbole der Erlösung von Schuld und Vergänglichkeit.

Kapitel 6 | Die christlichen Dogmen

Was unterscheidet Jesus Christus von anderen Propheten?
Hat Gott Söhne? Seit wann?
Was besagt die Zwei-Naturen-Lehre?
Wozu sind Dogmen nötig?
Ist Gott einer oder drei?
Müssen Glaubensbekenntnisse verständlich sein?

Jesus Christus gilt nicht – wie Moses oder Mohammed – als Prophet, der eine Botschaft, eine Lehre oder ein Gesetz zu vermitteln hat. Seine Botschaft liegt in ihm selbst, seinem Schicksal, dem Handeln Gottes an ihm. Er *bringt* nicht das Wort Gottes, er *ist* das Wort Gottes.

Aus dieser Erkenntnis des Neuen Testaments folgt notwendig der Gedanke, in ihm – einem Menschen – Gott selbst zu erkennen, d. h. theologisch von der »Gottheit« Jesu Christi zu sprechen. Damit ist nicht gemeint, dass Jesus sich *wie ein Gott* inkognito auf der Erde bewegt, sondern dass sich in seinem durchaus menschlich-irdischen Leben etwas vollzieht, das Gottes Willen erkennbar werden lässt. Der christliche Glaube versteht das Leben dieses Menschen als Botschaft Gottes: Jesus Christus ist das WORT GOTTES.

*

Die besondere Bedeutung Jesu Christi wird einerseits im Neuen Testament (Philipper-Hymnus, Johannes-Prolog) durch das Schema vom Ab- und Aufstieg des Erlösers zum Ausdruck gebracht. Auf der anderen Seite wurde Jesus als Person mit unterschiedlichen religiös geprägten Titeln in Verbindung gebracht, die seine Würde und Funktion erfassen sollten.

Beim historischen Jesus findet sich hier nur ein schemenhafter Ansatzpunkt, wenn man davon ausgeht, dass Jesus den Titel MENSCHENSOHN, der aus der zeitgenössischen Apokalyptik stammt, in besonderer Weise verwendet hat. Der so bezeichnete endzeitliche Richter scheint bei ihm auch Züge des Leidens und Mitleidens zu erhalten, ohne dass man mit Sicherheit davon ausgehen kann, dass Jesus sich selbst damit gemeint hat.

Überhaupt dürfen diese Versuche, die Bedeutsamkeit Jesu für den christlichen Glauben auszudrücken, nicht so verstanden werden, als könnten sie das Selbstbewusstsein und Selbstverständnis des historischen Jesus beschreiben. Das ist schon deshalb nicht möglich, weil die weiteren Titel, die Jesus beigelegt werden, aus verschiedenen religiösen und kulturellen Zusammenhängen stammen: vom hellenistischen KYRIOS (Herr), dem germanischen HEILAND bis zum modernen JESUS CHRIST SUPERSTAR. Diese Titel sind also Teil eines Übersetzungsprozesses, der die christliche Heilsbotschaft in die Sprache und Vorstellungswelt anderer Völker hinein trägt.

Maßstab für den christlichen Glauben ist nicht, was der historische Jesus möglicherweise gedacht und gepredigt hat, selbst wenn das historisch zweifelsfrei zu ermitteln wäre. Der Glaube, der von Kreuz und Auferstehung Jesu Christi ausgeht, sieht in Jesus den Sohn Gottes, ohne dass der historische Jesus selbst dieses Bewusstsein von seiner Bedeutung gehabt haben muss. Der Gegenstand des christlichen Glaubens, nämlich Jesus Christus als SOHN GOTTES, ist nicht von vornherein identisch mit dem historischen Menschen Jesus von Nazareth. Auf der anderen Seite bemüht sich die historische Forschung darum zu zeigen, dass die Grundlinien der Verkündigung Jesu, die Deutung seines Todes und das neue Gottesbild in einer inhaltlichen Kontinuität stehen.

*

Jesus als Sohn Gottes zu bezeichnen, ergibt sich für die ersten Christen daraus, dass die Auferweckung ein und dasselbe ist wie eine Erhöhung zu Gott (▷ KE 11, 113 ff.). Es geht in den Auferstehungsberichten nicht darum, dass ein getöteter Mensch ins Leben zurückkehrt, sondern darum, dass Gott sich in dieser Person zu erkennen gibt, indem er sie zur Herrschaft bestimmt. Dieser Sachverhalt findet im Bekenntnis zu Jesus als dem Sohn Gottes seinen Ausdruck:

> eingesetzt als Sohn Gottes in Kraft durch die Auferstehung von den Toten.
> *Röm 1,3*

Das Glaubensbekenntnis sieht Christus »zur Rechten Gottes« sitzen: »von dort wird er kommen zu richten die Lebenden und die Toten.« Im christlichen Glauben wird es üblich, Christus als den KYRIOS, den Herrn, zu bezeichnen und »durch Christus« zu Gott zu beten. Dadurch entsteht eine besondere Gottesbeziehung, die einerseits dadurch geprägt ist, dass ein Mittler zwischen den Menschen und die Majestät Gottes tritt, andererseits dadurch, dass das Gottesbild durch die Gestalt und Verkündigung Jesu eine Konkretisierung erfährt. Beides wird im Grundgebet dem *Vaterunser,* besonders deutlich: Die Gläubigen stimmen in ein Gebet ein, das Christus als der Sohn an den Vater richtet.

*

Als in den Evangelien der Versuch unternommen wird, den irdischen Weg des Erlösers nachzuzeichnen, wird die Schwierigkeit offenbar, eine Schwelle zu bestimmen, die den Übergang vom Menschen zum Gottessohn markiert.

Markus, der früheste Evangelist, entschied sich dazu, die Erhöhung Jesu zum Gottessohn an den Anfang der Wirkungszeit zu legen, nun aber so, dass dieser Berufungsakt nur dem Berufenen selbst bewusst wird, während alle anderen darüber letztlich bis zu seinem Ende im Unklaren bleiben. Das MESSIASGEHEIMNIS begleitet die irdische Wirkungszeit, sodass sein Leben aus irdischer und himmlischer Perspektive verstanden werden kann. Markus gestaltet die entscheidende Szene, indem er den Bericht über die – historische – Taufe Jesu durch Johannes am Anfang seiner Wirkungszeit zu einer geheimen Adoptions- und Einsetzungsszene umgestaltet:

> Du bist mein lieber Sohn, an dir habe ich Wohlgefallen. *Mk 1,11*

In den folgenden Evangelien des Matthäus und Lukas tritt eine Geburtsszene an den Anfang der Erzählung, in der nach antiken Vorbildern die Gottessohnschaft Jesu durch die besonderen Umstände seiner Geburt durch eine Jungfrau erklärt wird. Der Mensch Jesus ist hier von Anfang an zum Sohn Gottes und Erlöser der Welt bestimmt, und sein ganzes Leben steht unter diesem Auftrag.

Der vierte Evangelist Johannes verlegt die Gottessohnschaft noch konsequenter nach vorne, indem er Jesus mit dem LOGOS (Joh 1) identifiziert. Der Logos ist die Kraft, durch die Gott seine Schöpfung in Gang setzt. Diese Gleichsetzung Jesu Christi mit dem Schöpfungsmittler läuft auf eine grundlegend neue Sichtweise hinaus, bei der der Gottessohn nicht als von Gott erwählter und beauftragter Mensch aufgefasst wird, sondern – umgekehrt – der ewige Gottessohn sich in die Gestalt eines Irdischen verwandelt und herabsteigt. Diese neue Dimension kann man als PRÄEXISTENZ-Christologie bezeichnen, denn sie lässt die Geschichte Jesu Christi vor der Geburt des Erlösers beginnen. Das gedankliche Schema findet sich auch schon bei Paulus im Philipper-Hymnus.

*

Ob der Sohn-Gottes-Titel nun mehr die besondere Beauftragung des Menschen Jesus durch Gott hervorhebt (wie es die Tradition des Alten Testaments nahe legt) oder ob die Vorstellung einer INKARNATION des ewigen Gottes in die Menschengestalt (so eher die hellenistische Denkweise) in den Vordergrund tritt – in beiden Fällen geht es um die grundlegende Bedeutung Jesu Christi für den christlichen Glauben. Die Herausstellung seiner Göttlichkeit nimmt ihn aus der Reihe der Propheten und Gottesmänner, Philosophen und Wundertäter heraus und bezeichnet seine Einmaligkeit und Endgültigkeit. Die enge Verbindung dieses Menschen mit Gott, in welcher Sprach- und Vorstellungstradition sie auch formuliert wird, seine GÖTTLICHE NATUR also, ist der Garant für den Glauben an die Wirksamkeit seiner Erlösung. Das Glaubensbekenntnis nennt ihn daher in höchster Exklusivität den »einziggeborenen Sohn Gottes«.

Aus dem Schwung dieser vergöttlichenden Aussagen der Christologie ergibt sich aber auch ein Problem: Der irdische Jesus von Nazareth wird dadurch immer unwirklicher, rückt immer mehr in den Bereich des fernen Mythos. Man spricht von einer doketischen Christologie, weil der Erlöser nur noch dem Schein nach (gr. *doxa* = Schein) auf der Erde weilt. Sein Schicksal gewinnt als bedeutsames und mythologisches Geschehen immer mehr Abstand zum Leben der Gläubigen.

*

Der doketische Christus ist in seiner erhabenen Heiligkeit weder ein überzeugendes Vorbild christlicher Ethik der Nachfolge, noch kann er der Gefühlswelt der Gläubigen den Trost und die Nähe vermitteln, die zu einem christlichen Leben befähigen. An seine Stelle tritt oft Maria, die Gottesmutter, die den Nöten und Ängsten der Menschen näher zu stehen scheint.

In einer Gegenbewegung wird nun auch versucht die Menschlichkeit Jesu seiner göttlichen Natur gegenüber wieder stärker zur Geltung zu bringen. Christus ist nicht nur wahrer Gott, sondern eben auch Lehrer, Vorbild und nicht zuletzt ein sich ängstigender, leidender und hilfsbedürftiger Mitmensch. Bei aller Bedeutung für den Glauben, die in seiner göttlichen Beauftragung liegt, bleibt er ein geschichtlicher Mensch und darf nicht zu einer mythischen Gestalt werden.

Soll aber die göttliche Natur Christi neben der menschlichen Natur bestehen, so erheben sich Fragen wie diese: War Jesus allwissend? Hat der Gottessohn Schmerzen ertragen? Können also göttliche Eigenschaften auf Jesus übertragen werden oder umgekehrt menschliche Erfahrungen auf Gott projiziert werden? Hier scheinen sich unüberbrückbare Widersprüche zu ergeben, wenn nicht die jeweilige Perspektive beachtet wird.

Die altkirchlichen Konzile mussten sich mit dem Problem befassen, wie es denkbar und vorstellbar sein soll, dass in ein und derselben Person zwei Naturen nebeneinander bestehen können. Das Ergebnis wird im Konzil von Chalcedon (451) formuliert:

> Jesus Christus ist wahrer Gott und wahrer Mensch; seine beiden Naturen – die göttliche und die menschliche – sind in ihm ungetrennt und unverwandelt, unvermischt und ungesondert.

*

Für den heutigen Leser klingen die vollmundigen Behauptungssätze über Gott so unbefangen und steil, dass sie fast naiv wirken. Wie können überhaupt solche dogmatischen Aussagen über den transzendenten Gott und Weltengrund im festen Behauptungston getroffen und begründet werden? Kein Zweifel und keinerlei Selbstkritik scheint die Autoren zur Vorsicht gemahnt zu haben. Von daher ist verständlich, dass das Adjektiv »dogmatisch« heute den negativen Beiklang von uneinsichtig, starr und verbohrt hat.

Allerdings muss man auf den Anlass und den Adressaten dieser Sätze achten: Diese Feststellungen über Gott sind nicht sozusagen als letzte Wahrheiten in die Welt hinaus gesprochen; sie verdanken sich vielmehr dem Anlass einer internen Auseinandersetzung. Ihre Logik ist nicht die einer allgemein-verbindlichen Wahrheit, sondern sie stehen am Ende eines Diskussionsprozesses, in dem zu klären war, welche Glaubensaussage über Christus mit dem gemeinsamen Glaubensfundament übereinstimmt und welche nicht. Übersetzt besagen sie etwa: Wer – mit uns – in Jesus Christus das Heil und die Erlösung sieht, der kann von ihm weder nur als von einem geschichtlichen, irdischen Mensch sprechen noch nur von Gott in menschlicher Verkleidung. Er muss stets beides zusammenhalten: »wahrer Mensch« und »wahrer Gott«, ohne dass die eine Seite die andere verringert oder aufhebt.

Das Dogma beschreibt also die innere Konsequenz der Glaubenslehre, das geschieht allerdings in einer oft volltönenden Behauptungssprache. Zur Formulierung des Glaubenssatzes gehört auch das ANATHEMA, also die Sätze, die mit dieser Entscheidung kritisiert werden. Mit einem Dogma definiert eine Glaubensgemeinschaft ihre gemeinsame Grundlage, was indirekt auch dazu führt, dass Gläubige, die dem nicht zustimmen, aus der Gemeinschaft ausgeschlossen werden.

Für die dogmatische Formulierung des christologischen Dogmas, die sog. ZWEI-NATUREN-LEHRE, wird man nicht in Anspruch nehmen können, dass sie alle auftretenden Probleme löst (▷ KE 11, 115). Es geht eher darum, das letztlich Unaufgebbare für den christlichen Glauben festzuhalten. Die Auslegung und Aufarbeitung der logischen Probleme bleibt den Theologen überlassen, für die nun ein Spielraum abgesteckt ist.

Entscheidend bleibt die Glaubensaussage, dass Gott sich in Jesus Christus den Menschen zugewandt hat und sich diese Brücke zwischen Gott und Mensch in der Person Jesu Christi manifestiert. In welchen Kontakt die menschliche Natur Jesu mit der göttlichen tritt, ist als Mysterium zu respektieren.

Der Glaube an die Inkarnation Gottes in einem Menschen unterscheidet sich deutlich von der Auffassung, Gottes Zuwendung sei nur in seiner Willensäußerung, seiner niedergeschriebenen Offenbarung oder seinem Gebot greifbar. In allen diesen Formen der Öffnung Gottes auf den Menschen hin bleibt mehr Distanz und daher auch mehr Souveränität Gottes erhalten als in der christlichen Kernaussage: Gott wird Mensch.

Im Gespräch zwischen den monotheistischen Religionen geht es daher mit dem christlichen Beharren auf der Gottessohnschaft Jesu Christi nicht um die uneinsichtige und hartnäckige Verteidigung eines besonderen Ehrentitels für den Religionsgründer. Selbst die Anerkennung Jesu als wichtigen Propheten durch den Islam bringt die Auffassung der beiden Religionen von Gott um kein Stück näher zusammen. Man kann den Dissens daran festmachen, ob man sagen muss: »Gott offenbart etwas« (eine Lehre, ein Gebot, einen Weg) oder »Gott offenbart sich selbst«. Es ist die rückhaltlose SELBSTOFFENBARUNG GOTTES in Jesus Christus, die letztlich durch das christologische Dogma festgehalten wird (▷ KE 11, 116 f.).

*

Der SOHN-GOTTES-TITEL ist auch heute, abgelöst von seinem alttestamentlichen oder hellenistischen Bedeutungshintergrund, eine zentrale Aussage des christlichen Glaubens (▷ KE 11, 116). Jesus Christus als Gottes Sohn zu bekennen, markiert eine scharfe Unterscheidung zwischen der Anerkennung Jesu als großer historischer Persönlichkeit, wie sie in anderen Religionen (Islam, Judentum) und im allgemeinen Bewusstsein durchaus üblich ist, und dem Glauben an einen lebendigen Christus, der im Gebet angerufen wird, der vergibt und heilt und ein ständiger innerer

Begleiter auf dem persönlichen Lebensweg ist. So ist es auch der Sohn Gottes und nicht der Mensch Jesus, der im Gottesdienst angerufen und dessen Gegenwart im Abendmahl als heilend und tröstend erfahren wird.

*

Die zentrale Rolle, die Jesus Christus für den Gottesglauben eingeräumt wird, bleibt nicht ohne Folgen für das Wesen der Gottesvorstellung selbst: Gott kann nicht mehr als monolithische Einheit verstanden werden. Die Gottheit begegnet den Menschen in unterschiedlicher Weise: als der allmächtige Vater, Schöpfer und Erhalter der Welt, als der Sohn, Lehrer und Erlöser der Menschen und als Heiliger Geist, die Kraft, die Gott selbst in den Menschen entfaltet. Von Anfang an liegt es nahe, diese sozusagen ökonomische Arbeitsteilung der Personen Gottes wieder auf einen Gott zurückzuführen, indem man Sohn und Geist als vom Vater ausgehende Wirkungsweisen versteht und damit die Einheit des Gottesbegriffes vor polytheistischen Missverständnissen schützt. Die Berechtigung dieses Versuches, den Monotheismus für das Christentum zu retten, liegt auch darin, dass die »Drei« ja einem Willen und einem Ziel untergeordnet sind und nicht in Widerspruch zueinander geraten können wie die heidnischen Götter. Die Denkweise, die Gottes Einheit in den Mittelpunkt stellt, bleibt in der alten Kirche als ARIANISMUS – nach dem Theologen ARIUS (260–336) – lange Zeit bestimmend und ist bis heute vielen Christen plausibel.

*

Auf der anderen Seite sind die im christlichen Glauben zentralen Gotteserfahrungen mit einem einheitlichen, im strengen Sinne »monotheistischen« Gottesverständnis nur schwer in Einklang zu bringen:

Die Glaubenserfahrungen, die in Jesus Christus Gott selbst am Werk sehen, nehmen einen Gott wahr, der gegenüber dem Leiden seiner Geschöpfe nicht distanziert bleiben kann, sondern in seiner Liebe selbst in die irdische Wirklichkeit eingeht. Aber die Zuwendung Gottes bis zur Inkarnation im Menschen Jesus Christus ist in ihrer ganzen Tragweite nur dann aufrechtzuerhalten, wenn diese Identifikation Gottes mit der unvollendeten Schöpfung nicht das letzte Wort ist. Der Gott, der sich in die Ohnmacht begibt, um alle zu retten, muss letztlich doch Gott bleiben, weil sonst keine Hoffnung auf Rettung existiert. In bildlicher Sprache:

Den Sohn, der sich hingibt, kann es nur geben, wenn es den allmächtigen Vater weiterhin gibt. Der christliche Glaube an die Inkarnation Gottes in Jesus Christus, an seine Erniedrigung bis zum Tod am Kreuz und den

Abstieg in das Reich des Todes setzt voraus, dass gleichzeitig noch vom allmächtigen Vater im Himmel gesprochen werden kann, der die Kraft hat, den Sohn vom Tode zu erwecken, zu sich zu erhöhen und zum Weltenherrn zu machen. Vater und Sohn umfassen – im Bild gesprochen – die ganze Schöpfung von oben und von unten.

Ein weiterer Gedanke kommt hinzu: Im Johannesevangelium verspricht Christus nach seiner Erhöhung zu Gott einen Tröster zu senden, der während seiner Abwesenheit die Gläubigen stärkt. Aus dieser Bibelstelle entwickelt sich der Glaube an den Heiligen Geist als dritte Person der Gottheit, die in den Gläubigen wirksam ist und sie in die Zukunft des Reiches Gottes führt.

Diese Form der Anrufung Gottes in drei unterschiedlichen Personen, die eines Wesens sind, überwindet das arianische Denken und wird als TRINITÄTSLEHRE (von lat. *trinitas* = Dreifaltigkeit) für die christliche Kirche verbindlich (▷ KE 11, 118 f.).

*

Die Auffassung von der Dreieinigkeit oder Dreifaltigkeit Gottes entwickelte sich ursprünglich aus dem Vertrauen der Gemeinde auf Jesus Christus als ihren einzigen Herrn und Gott. Mit Christus betet die Gemeinde zu Gott: »Vater unser im Himmel!« Die daraus resultierende Notwendigkeit, das Verhältnis von diesem Retter zum Gott der Bibel zu klären, macht eine theologische Begrifflichkeit erforderlich, die einerseits die Einheit Gottes bewahrt, aber andererseits Spielraum dafür lässt, dass dieser Gott in Christus und in den Menschen als Kraft zur Liebe wahrgenommen werden kann.

In späterer Zeit gibt die Trinitätslehre zu vielerlei philosophischen Spekulationen Anlass und ist heute wieder ein wichtiges Feld der Auseinandersetzung im Gespräch der Religionen, insbesondere mit Islam und Judentum.

*

Im KONZIL VON NICAA (325), der ersten großen Zusammenkunft christlicher Kirchenvertreter, wurde dieser Glaubensgrundsatz beschlossen: Von Jesus, dem Sohn Gottes, muss gesagt werden, dass er nicht wie alle anderen Geschöpfe von Gott erschaffen wurde, sondern dass er von Gott *gezeugt* ist. Damit wird seine besondere Nähe zu ihm im Bild der Familien-Abstammung festgehalten, was auch im Sohn-Gottes-Titel enthalten ist.

Im KONZIL VON KONSTANTINOPEL (381) präzisierten die Theologen diese Lehre so: Der Gott, der sich in Jesus Christus gezeigt hat, besteht in

DREI UNTERSCHIEDLICHEN PERSONEN, die aber von ein- und DEMSELBEN WESEN sind: Vater, Sohn und Heiliger Geist.

Bis zum heutigen Tag werden die beiden Grunddogmen der alten Kirche, das CHRISTOLOGISCHE und das TRINITARISCHE DOGMA als Prüfstein angesehen, ob sich eine Gemeinde zur Christenheit zählen kann oder nicht.

*

Von den Dogmen als theologisch begründeten Konzilsbeschlüssen unterscheiden sich die Glaubensbekenntnisse, die einen festen Platz im Gottesdienst der Kirchen einnehmen.

Das BEKENNTNIS VON NICÄA, das den Konzilsergebnissen von 325 entspricht, ist das am meisten anerkannte Bekenntnis im Christentum. Das NICÄNO-KONSTANTINOPOLITANUM ist die etwas längere Fassung von 381 und wird sowohl in der katholischen wie auch in der evangelischen Kirche im Gesangbuch abgedruckt und an Festtagen im Gottesdienst gesprochen. Am verbreitetsten ist in den westlichen Kirchen jedoch das APOSTOLIKUM oder apostolische Glaubensbekenntnis (▷ KE ll, 120).

Diese Bekenntnistexte werden als ein Band verstanden, das die Christen vieler Jahrhunderte miteinander in Beziehung setzt und sie zu einer Christenheit werden lässt. Im Gottesdienst gesprochen oder beim Taufritus in Frage- und Antwortform vorgetragen, haben diese Grundtexte des Glaubens eine identitätsstiftende Wirkung, auch dann, wenn die Textgestalt sich weit vom heutigen Sprachgebrauch entfernt hat.

Immer wieder werden Versuche unternommen, Glaubensbekenntnisse in gegenwärtiger Sprache und Begrifflichkeit zu formulieren, um den Gläubigen den Zugang zu erleichtern. Dabei entsteht allerdings dasselbe Problem wie bei vielen modernen Bibelübersetzungen: Die verständlichste Übersetzung mutet oft besonders fremd und willkürlich an. Die urtümlich klingende, nicht immer bis ins letzte verständliche Gestalt kann dem Gläubigen das Gefühl vermitteln, dass nicht sein veränderliches und subjektives, momentanes Glaubensverständnis den Maßstab bildet, sondern er selbst mit dem Sprechen dieses Textes in einer größeren Gemeinschaft aufgehoben ist.

Kapitel 7 | Theodizee

> Wie wird die optimistische Philosophie der Aufklärung mit Katastrophen fertig?
> Wie gehen die biblischen Autoren im Buch Hiob mit dieser Frage um?
> Was bringt Luthers Unterscheidung von *deus revelatus/absconditus*?
> Welche Lösungen des Theodizeeproblems sind theoretisch überhaupt denkbar?
> Und wenn Gott nun gar nicht eingreifen kann?
> Gibt es eine christliche Lösung?

Der Begriff THEODIZEE (zusammengesetzt aus gr. *theos* = Gott und *dike* = Recht, Rechtfertigung) wurde von Gottfried Wilhelm Leibniz (1646–1716) geprägt. Das Universalgenie Leibniz beschäftigte sich hier weniger mit einer speziell theologischen Frage als vielmehr mit dem für das Denken der Aufklärung eminent wichtigen Problem, ob sich die menschliche Vernunft mit der Rationalität der Welt in Übereinstimmung befindet. Wenige Jahre nach Leibniz' Arbeiten erschütterte das Erdbeben von Lissabon (1755 n. Chr.) die optimistische Grundstimmung des Zeitalters und hob die Problematik dieser Erörterungen in das allgemeine Bewusstsein: Kann der Mensch auf die rationale Ordnung der Welt vertrauen oder sind die kleinen und großen Übel Einbrüche des Irrationalen, die auch den Sinn menschlicher Planung in Frage stellen (▷ KE 11, 141)?

Die Unternehmung Leibniz', Gott angesichts der Übel in der Welt zu rechtfertigen, hat also nicht das Ziel, sich der Güte und Gerechtigkeit eines personalen Gottes zu versichern, sondern die grundlegenden Systembedingungen der vorfindlichen Welt auf ihre Rationalität hin zu prüfen. Zu diesem Zweck unterscheidet Leibniz drei Kategorien, in denen sich das Übel darstellen kann:

- *malum morale:* Damit sind alle Leiden und Beeinträchtigungen gemeint, die aus falschem moralischen Verhalten von Menschen entspringen. Es ist leicht einzusehen, dass die Grundbedingung der menschlichen Freiheit abgeschafft werden müssten, um dieser Kategorie von Übeln beizukommen. Das darf aber wegen der Würde und Verantwortlichkeit des menschlichen Lebens auf keinen Fall geschehen.
- *malum physicum:* Hierunter fallen alle Übel, die auf den physikalischen Gesetzen beruhen, wie sie in dieser Welt gelten. Abhilfe wäre nur zu

erhoffen, wenn die Gesetze von Fall zu Fall außer Kraft gesetzt würden. Eine solche Welt ohne eine verlässliche physikalische Ordnung kann aber niemand wünschen, denn das würde zu Willkür und Chaos führen und die Naturwissenschaft desavouieren.
- *malum metaphysicum:* Damit sind diejenigen Übel gemeint, die sich aus der Tatsache ergeben, dass der Mensch ein endliches, geschichtliches Wesen ist, das der Vergänglichkeit, der Alterung und dem Tod ausgeliefert ist. Diese Bedingungen seines Daseins als begrenztes Geschöpf sind aber gleichzeitig die Bedingungen für das Dasein der Natur und der Welt überhaupt; sie abschaffen zu wollen, hieße die Wirklichkeit der ganzen Schöpfung zu widerrufen.

Diese Unterscheidung und erörternde Betrachtung zeigt, dass keine der die Übel verursachenden Grundvoraussetzungen unserer Welt weggedacht werden kann, weil mit dem Übel gleichzeitig auch ein hohes, unverzichtbares Gut vernichtet würde. Der menschliche Verstand ist durchaus in der Lage, diesen Zusammenhang zu durchdringen und die rationale Grundstruktur der Welt – trotz des Auftretens von Übeln – zu erkennen und zu würdigen. Wenn er einsieht, dass eine andere, vernünftigere und verlässlichere für den Verstand nicht erkennbar ist, so ist die gegebene Welt »die beste aller denkbaren Welten«. Eine Rechtfertigung Gottes ist mit dieser Gedankenführung allerdings nur dann erreicht, wenn Gott nicht als personaler Begleiter des Lebens, sondern nur als ferner Garant der Weltordnung (DEISMUS) gedacht wird.

*

Im biblischen Buch *Hiob* wird die Frage nach der Vereinbarkeit von schicksalhaft hereinbrechenden Übeln im Leben des Einzelnen und dem Fortbestehen seines Vertrauens auf Gott in unübertroffen direkter und persönlicher Weise gestellt (▷ KE 11, 137). Die gedankliche Voraussetzung ist der universell angenommene Zusammenhang zwischen den Taten des Menschen und der Belohnung oder Bestrafung, die er durch den gerechten Gott in seinem Leben erfährt. Die Theodizeefrage ist hier also die Frage nach der Gerechtigkeit und Verlässlichkeit eines personal gedachten Gottes.

Der Hauptteil des Buches enthält die sehr ausführliche Auseinandersetzung zwischen dem unschuldig leidenden Hiob und seinen Freunden, die das Glaubensprinzip der unantastbaren Gerechtigkeit Gottes dadurch aufrechterhalten wollen, dass sie nach einer verborgenen Schuld Hiobs als

Ursache für sein Unglück forschen. Die Suche nach dem Tun-Ergehen-Zusammenhang muss aber in diesem Fall scheitern, weil die Ausgangsbedingungen – der untadelig Gerechte wird von Gott heimgesucht – entsprechend zugespitzt konstruiert sind. Die weitschweifigen und im Ansatz immer gleichen Argumente der Freunde prallen wirkungslos ab. Gott scheint sich ins Unrecht gesetzt zu haben.

Auf einer zweiten Ebene wird versucht, das Problem doch noch zu lösen, indem die Situation Hiobs als Prüfung gedeutet wird. Die sogenannte Satansepisode macht die Haltung Hiobs zu seinem Unglück zum Gegenstand einer Wette zwischen Gott und Satan. Die Fragwürdigkeit dieses Ansatzes liegt auf der Hand. Sie ist eher geeignet, das positive Gottesbild vollständig zu ruinieren, als eine befriedigende theologische Erklärung beizubringen.

Ein dritter Ansatz wird im Schlussteil des Hiob-Buches verfolgt: Gott selbst stellt den ihn anklagenden Hiob zur Rede und macht ihm klar, dass seine göttliche Gerechtigkeit kein von Menschen einklagbares Recht ist. Er weist auch die Freunde zurecht, deren Irrtum darin besteht, dass sie die Übereinstimmung von Strafe und Schuld prinzipiell für auffindbar und demonstrierbar halten und Gott damit ebenfalls zu nahe treten. Gott erweist am Ende tatsächlich seine Gerechtigkeit und setzt Hiob in den vorigen Stand wieder ein, aber es ist deutlich, dass seine Gerechtigkeit keine »nachrechenbare Systemvoraussetzung« ist, sondern auf seinem freien Willen und seiner gnädigen Zuwendung beruht. Gott ist treu und gerecht, und der Mensch tut gut daran, ihm auch in der Not zu vertrauen, weil Gott seine Gerechtigkeit immer wieder in Taten erweist. Gott schafft Recht, aber der Mensch ist nicht in der Lage, dessen Handeln auf derselben Ebene zu kontrollieren; insofern wird im Buch Hiob die Möglichkeit einer Rechtfertigung Gottes, einer Theodizee im Leibniz'schen Sinne, gerade abgewiesen.

*

Martin Luther nimmt diesen Ansatz auf. Der Mensch kann die Gerechtigkeit Gottes nicht nachprüfen. Für Luther ist aber entscheidend, dass Gott selbst nicht unberechenbar bleibt, sondern von sich aus die Voraussetzungen dafür schafft, dass der Mensch ihm auch in aussichtsloser Lage noch vertrauen kann. Gott offenbart sich in seinem Sohn als gütig und gerecht und will, dass er so, wie er sich den Menschen zeigt, als *deus revelatus* (offenbarer Gott), auch angenommen wird. Wir sollen das von Gott ergreifen, was er uns anbietet, und ihn so verehren, wie er sich uns nähert.

Wer versucht, das Handeln Gottes als Ganzes zu verstehen, der verhält sich wie Hiob, der letztlich an Gott verzweifeln muss und seine eigene Existenz verflucht, weil sein Glaube ins Leere geht. Der Glaube des Christen geht nicht ins Leere, weil er durch Jesus Christus zu Gott betet, der sein Leid kennt und ihm nicht fühllos gegenüber steht.

Luther weicht der Aussage, dass auch das Unrecht, die Vernichtung und der Tod von Gott gewirkt werden, nicht aus (▷ KE 11,138). Darin ist Gott der allmächtige Weltenlenker und *deus absconditus* (verborgener Gott), der aus menschlicher Perspektive nicht verstanden werden kann. Eine Spekulation über die Wege Gottes ist für den Menschen eine schwere Versuchung, die den Glauben zerstören kann.

Der Christ soll bei dem Glauben bleiben, dass Gott alle Dinge für ihn wohl geordnet hat, auch wenn es ihm ganz anders erscheint. Am Ende wird sich die Güte und Gerechtigkeit Gottes vor aller Augen erweisen; darauf kann der Mensch allerdings nur hoffen.

*

Die tröstenden Worte Luthers, der dem Leidenden empfiehlt, auf den Gekreuzigten zu blicken und sein Vertrauen auf Gottes Güte nicht zu verlieren, sind keine echte »Lösung« der Theodizeefrage. Unter theologischen Gesichtspunkten stellt sich eher die Frage, ob das Auseinandertreten des *deus revelatus* und des *deus absconditus* nicht eine Überdehnung des Gottesbegriffs darstellt.

Aber welche grundsätzlichen Möglichkeiten sind denkbar, das Problem zu lösen? Wenn es auf der durch menschliche Leiderfahrungen ausgelösten Unvereinbarkeit von Allmacht und Allwirksamkeit Gottes auf der einen Seite und seiner Güte und Liebe auf der anderen Seite beruht, dann sind folgende »Lösungswege« denkbar:

Zum Ersten kann die Allmacht Gottes in Zweifel gezogen werden: Gott hat eventuell auf Teile seiner Macht verzichtet, um freie Geschöpfe zu ermöglichen, die sich auch gegen ihn wenden können. Wenigstens ein Teil der Schuld geht somit an diese über. In diesem Fall erhebt sich die Frage, wie und ob Gott seine Macht zum Guten zurückhalten kann, weil sonst sein Gott-Sein in Frage steht.

Zum Zweiten kann man die Güte Gottes in Zweifel ziehen; nicht in der Weise, dass Gott von einem bösartigen Dämon ununterscheidbar wird, aber in der Weise – wie es bei Luther und im *Hiob* geschieht –, dass Gottes Güte in verborgener, für Menschen nicht nachvollziehbarer Weise zum Ausdruck kommt.

Eine dritte Möglichkeit besteht darin, die menschlichen Erfahrungen von Negativität genauer unter die Lupe zu nehmen und – wie Leibniz – zu dem Ergebnis zu kommen, dass es sich um unvermeidliche Nebenwirkungen handelt, die eigentlich – für sich betrachtet – nicht negativ sind.

*

HANS JONAS (1903–1993), ein jüdischer Philosoph, beschreitet entschlossen den ersten Weg, und zwar mit einer bemerkenswerten Radikalität. Er steht vor dem Problem, ob der Glaube an den Gott, der Israel erwählt hat, nach der Judenvernichtung im Dritten Reich noch ernsthaft aufrechtzuerhalten ist. Was ist von einem Gott noch zu erwarten, der in dieser denkbar größten Katastrophe seines Volkes schweigt? Will er nicht eingreifen oder kann er es nicht (▷ KE 11, 143)?

Jonas geht davon aus, dass Gott als Schöpfer die Evolution der Welt in der Weise in Gang gesetzt hat, dass er, der am Anfang alles war, nun neben sich einen Freiraum schafft, in dem eine Entwicklung stattfindet, die er weder bestimmen noch voraussehen kann. Diesen Akt der Selbstbegrenzung göttlicher Macht sieht Jonas als endgültig und nicht mehr rückgängig zu machen an. Alles, was nun in der von Gott geschaffenen, aber von ihm nicht mehr zu kontrollierenden Welt geschieht, macht auf Gott zwar Eindruck, löst aber kein Eingreifen mehr aus. Gott erhofft, erwartet, bangt um einen guten Ausgang der Geschichte, aber er ist vollständig machtlos. Der Holocaust konnte geschehen, so Jonas, weil Gott keine Möglichkeit hatte einzugreifen. Jonas redet von einem Gott, der sich ganz an die Weltgeschichte ausliefert, nichts zurückbehält und von einem Menschen, an dem es nun ist, die Schuld seines Daseins an Gott abzutragen und sich so zu verhalten, dass Gott sein risikoreiches Unternehmen nicht als gescheitert ansehen muss, sodass es ihn reut, zum Schöpfer geworden zu sein.

*

Der Grundgedanke bei Jonas ähnelt zunächst dem Gottesbegriff der Aufklärung, dem Deismus: Gott wird als Schöpfer angesehen, der aber in die Weltzusammenhänge nicht mehr eingreift. In der Aufklärung wurde dies aber unter der Voraussetzung entwickelt, dass ein Eingreifen auch unnötig ist, da Gott die Welt perfekt geschaffen hat (vgl. Leibniz). Bei Jonas hat sich das Naturbild unter dem Eindruck der Evolutionslehre völlig gewandelt und die Schöpfung wird als das Anstoßen eines offenen Prozesses gesehen. Gott gibt sich ganz in diesen Prozess hinein und kann – so heißt es bei Jonas – sich selbst und seine Gottheit nur vom Ergebnis zurückerwarten.

Es gibt also bei Gott eine (heimliche) positive Erwartung hinsichtlich der Naturentwicklung und wohl auch hinsichtlich der menschlichen Verantwortung. Gott leidet unter den negativen Resultaten, gibt aber die Hoffnung nicht auf.

Diese Beschreibung des Verhältnisses von Gott und Welt könnte auch im Rahmen einer christlichen Trinitätslehre so anerkannt werden. Im Sohn gibt sich Gott ganz in die menschliche Geschichte hinein und erleidet sie. Allerdings müsste der christliche Glaube daran festhalten, dass damit noch nicht alle Möglichkeiten Gottes erschöpft sind. Gott hält als allmächtiger Vater auch die gefallene und missglückende Schöpfung in seiner Hand und als Heiliger Geist ist er daran beteiligt, Menschen auf den richtigen Weg zu bringen und zu ihrer Befreiung zu führen (▷ KE 11, 144).

Kapitel 8 | Schöpfung und Geschichte

> Ist die Schöpfung objektiv nachweisbar?
> Muss man glauben, dass Gott die Natur gemacht hat?
> Ist die Schöpfung schon fertig?
> Muss der Mensch die Natur retten?
> Gibt es einen intelligenten Plan hinter allem?
> Wer bestimmt das Ziel der Evolution – Gott oder der Zufall?

Der CHRISTLICHE SCHÖPFUNGSGLAUBE beschreibt das grundlegende Verhältnis des glaubenden Menschen zu der ihn umgebenden Wirklichkeit: Vor allem anderen, das sich über die Welt sagen lässt, ist sie die Schöpfung des guten Gottes. Es steht also ein positives Vorzeichen vor der Klammer, denn diese Welt ist als Ganze von Gott gewollt. Das Leben in ihr ist ein willkommenes Geschenk und dient zum Heil und nicht zum Unheil des Menschen.

Die Welt als Schöpfung zu sehen, setzt ein religiös begründetes, positives APRIORI. Dieser Glaube kann deshalb auch nicht aus der Erfahrung der Welt, etwa ihrer Ordnung, Schönheit und Harmonie, abgeleitet werden. Er geht ihr sachlich voraus und wirkt wie eine Brille. Durch diesen Glauben wird die Wahrnehmung der Welt ganz entscheidend in der Hinsicht beeinflusst, dass Ordnung, Schönheit, Harmonie und Sinn in ihr als Spuren des Schöpfers erkannt werden können.

Fehlt diese Brille des Schöpfungsglaubens oder wird sie durch eine andere ersetzt, so ergibt sich auch eine andere Wahrnehmung der Welt. Wird das Leben wie in fernöstlichen Religionen als Herumirren in einem ewigen Kreislauf und die Wahrnehmung der Welt selbst als gigantische Täuschung angesehen, so lassen sich auch dafür viele Beobachtungen als »Beweise« anführen. Ebenso ist es mit der Betrachtungsweise der Welt vom Standpunkt der westlichen Naturwissenschaften aus. Für jede dieser grundlegenden Perspektiven auf die Wirklichkeit finden sich Belege, die allerdings erst durch die jeweilige Betrachtungsweise hervorgebracht werden. Eine vorurteilsfreie, neutrale Wahrnehmung der »Welt an sich« ist dem Menschen nicht möglich. Aus diesem Grunde kann auch kein GOTTESBEWEIS geführt werden.

*

Auf die Frage, wie es zum grundlegenden Glauben an das Leben und die Welt kommt, wenn dieser nicht aus der Erfahrung abgeleitet werden kann, antwortet die Bibel mit den Geschichten über Menschen, denen sich Gott offenbart hat. Der Glaube an Gott, den Schöpfer, geht nicht vom Menschen aus, sondern von Gott, der Menschen erwählt, sich ihnen öffnet und sie in seinen Dienst nimmt.

Die Bibel versteht das Leben des Menschen als ein Sich-Verweigern oder Eingehen auf Gott, der das Leben schenkt und in allen Umständen, Gefahren und Rettungen des Lebens bestimmend anwesend ist. Jedes menschliche Leben ist deshalb in erster Linie, ob bewusst oder unbewusst, ein Dialog mit Gott. Daher sieht die Bibel den Menschen als das Wesen, das zum bewussten Partner Gottes bestimmt ist (EBENBILDLICHKEIT).

Der Schöpfungsglaube beginnt also nicht mit einer Spekulation über den Charakter, die Herkunft und die Beschaffenheit der Welt, sondern damit, dass Gott sich im Leben der Menschen zeigt, als der, der ihr Leben begleitet, beschützt und bewahrt. Aus dieser Erfahrung, die sich im Raum der Geschichte – der Lebensgeschichte des Einzelnen oder der einer Gemeinschaft, eines Volkes – abspielt, wird dann der Schluss gezogen: Dieses Leben und diese Welt werden von Gott bestimmt, er ist ihr SCHÖPFER UND HERR.

*

Besonders deutlich wird dieser Ausgangspunkt des Glaubens von der existentiellen und geschichtlichen Erfahrung mit Gott in der Erklärung, die Martin Luther zum Ersten Glaubensartikel und zum Ersten Gebot gibt (▷ KE 11, 47):

> Der erste Artikel: Von der Schöpfung
> Ich glaube an Gott, den Vater, den Allmächtigen, den Schöpfer des Himmels und der Erde.
>
> Was ist das?
> Ich glaube, dass mich Gott geschaffen hat samt allen Kreaturen, mir Leib und Seele, Augen und Ohren und alle Glieder, Vernunft und alle Sinne gegeben hat und noch erhält; dazu Kleider und Schuh, Essen und Trinken, Haus und Hof, Weib und Kind, Acker, Vieh und alle Güter; mit allem, was not tut für Leib und Leben, mich reichlich und täglich versorgt, in allen Gefahren beschirmt und vor allem Übel behütet und bewahrt; und das alles aus lauter väterlicher, göttlicher Güte und Barmherzigkeit, ohn' all mein

Verdienst und Würdigkeit: für all das ich ihm zu danken und zu loben und dafür zu dienen und gehorsam zu sein schuldig bin. Das ist gewisslich wahr.[1]

Der Schöpfungsglaube beginnt auch hier nicht mit einer Aussage darüber, wie und wann Gott die Welt gemacht hat. Im Zentrum steht vielmehr die Erkenntnis: Ich bin ganz und gar ein Geschöpf Gottes, von ihm gemacht, versorgt und geliebt. Mein Leben ist ein Zwiegespräch zwischen IHM und mir.

Luthers Erklärung stellt Glauben und Weltverhältnis des Individuums in den Vordergrund: Mein Leben und alles, was dazu gehört, ist sein Geschenk. Er schuldet mir nichts und ich verdanke ihm alles. Das schließt ein, dass ich mich nicht darüber beklagen kann, dass ich so bin, wie ich bin und darüber dass die Umstände meines Lebens keine anderen sind.

Gott sagt »Ja« zu mir, trotz aller Einschränkungen, Behinderungen und Unzulänglichkeiten meines Lebens. Der Schöpfungsglaube macht den Glaubenden bereit, dieses sein Leben, wie immer es sei, aus der Hand Gottes anzunehmen.

Ein Schöpfungsglaube, der vor allem davon ausgeht, Gott hätte am Anfang die Welt gemacht und Adam und Eva erschaffen, entfernt Gott aus dem eigenen Leben und macht ihn zu einem allgemeinen Faktor dieser Welt. Für den christlichen Schöpfungsglauben ist dagegen charakteristisch, dass Gottes Transzendenz im Gegenüber zur Welt nicht angetastet wird und trotzdem die nahe und direkte persönliche Beziehung zwischen Gott und dem Glaubenden im Mittelpunkt steht.

*

Das erste Gebot
Ich bin der Herr dein Gott. Du sollst nicht andere Götter haben neben mir.

Was ist das?
Wir sollen Gott über alle Dinge fürchten, lieben und vertrauen.[2]

Dieses Gebot muss in erster Linie als FREIHEITSZUSAGE an den Menschen verstanden werden. Die Bindung an Gott, den Schöpfer, schließt nämlich gleichzeitig aus, irgendwelche anderen, der geschöpflichen Sphäre ange-

---
1 Kleiner Katechismus Dr. Martin Luthers, Das zweite Hauptstück: Der Glaube.
2 Kleiner Katechismus Dr. Martin Luthers; Das erste Hauptstück: Die Zehn Gebote.

hörenden Mächte anzuerkennen oder zu verehren. Wer sich als Geschöpf Gottes begreift, hat nur noch einen Herrn (▷ KE 11, 48).

Die Natur wird durch diesen Glauben ebenso entmythologisiert wie die gesellschaftlichen Mächte. Nur Gott allein verantwortlich zu sein und von ihm allein die Erfüllung des Lebens, das Heil und die Erlösung zu erhoffen, bedeutet, unabhängig zu werden von allen anderen Heilsversprechen und Gewissensbindungen.

Der Schöpfungsglaube, der eine ausschließliche Beziehung des Menschen zu seinem Schöpfer begründet, setzt alle anderen Bindungen und Abhängigkeiten um eine Stufe zurück. Weder in der Natur noch im Verhältnis zu anderen Menschen oder in der Gemeinschaft können und sollen Beziehungen entstehen, die dieser einen gleichkommen.

Wo dies dennoch geschieht, spricht die Bibel davon, dass der Mensch in tragischer Verkehrung Schöpfer und Geschöpf verwechselt und sich zum eigenen Schaden von irdischen Mächten abhängig macht, die vergänglich und letztlich machtlos sind. Der Glaube an den Schöpfer macht den Menschen hingegen frei.

*

Die ENTMYTHOLOGISIERUNG der Natur durch den Schöpfungsglauben schließt eine Verehrung der Natur, etwa als große Mutter, ebenso aus wie ihre Dämonisierung und öffnet dem Menschen einen kühlen und sachlichen Blick auf die ihn umgebende, nichtmenschliche Welt.

Die Natur ist für den Menschen zwiespältig und doppeldeutig. Sie ist die fruchtbare, nährende, Geborgenheit vermittelnde und in ihrer Schönheit faszinierende Welt; gleichzeitig ist sie für den Menschen aber auch eine andauernde übermächtige Bedrohung seines Lebens, die dem einzelnen Schicksal völlig gleichgültig gegenübersteht.

In der Urgeschichte der Bibel wird die Position des Menschen als desjenigen Wesens festgestellt, das im Gegenüber zur Natur steht und nicht in die Geborgenheit ihrer Kreisläufe und Gleichgewichte zurück kann. Die Bibel kennt kein idealisiertes Bild der Natur, sondern spricht ganz nüchtern ebenso von ihrer Schönheit und Vielfalt wie auch von ihrer Grausamkeit und Gefährlichkeit. Auch die Natur gehört zur Schöpfung Gottes, aber sie ist dem Menschen nicht vorgeordnet (wie es einem romantischen Naturbild entspräche) als die ursprüngliche, unschuldige und vorbildhafte Sphäre, aus der Orientierung oder Erlösung für den Menschen kommen könnte. Die Bibel stellt demgegenüber fest: Auch die NATUR IST GEFALLENE SCHÖPFUNG und wartet wie der Mensch auf die Rettung durch Gott.

Denn das ängstliche Harren der Kreatur wartet darauf, dass die Kinder Gottes offenbar werden. Die Schöpfung ist ja unterworfen der Vergänglichkeit – ohne ihren Willen, sondern durch den, der sie unterworfen hat – doch auf Hoffnung; denn auch die Schöpfung wird frei werden von der Knechtschaft der Vergänglichkeit zu der herrlichen Freiheit der Kinder Gottes. *Röm 8, 19–21*

*

Der Schöpfungsglaube würde deshalb missverstanden, wenn man aus ihm eine Verpflichtung zur BEWAHRUNG DER SCHÖPFUNG im Sinne von Naturschutz ableiten wollte, wie das unter dem Eindruck ökologischer Krisen geschehen ist. Zu glauben, der Mensch könne die Schöpfung Gottes bewahren oder zerstören, beruht auf einer Verwechslung der Begriffe. Er kann seine eigenen Lebensbedingungen nachhaltig schädigen und aus Kurzsichtigkeit und Egoismus die ihn umgebende Natur so verändern, dass anderen Geschöpfen und ihm selbst die Lebensgrundlagen entzogen werden. Das Bild einer artenreichen, ästhetisch ansprechenden und lebensdienlichen Natur, wie sie vielen Menschen als Ideal vorschwebt, ist aber nicht mit der Schöpfung Gottes gleichzusetzen.

Die Natur ist nur in dem Sinne Werk Gottes, dass auch sie als Ganze von Gott gewollt ist. Der Schöpfungsglaube verlangt Ehrfurcht vor allem Leben aus Respekt vor dem Schöpferwillen Gottes, der sich in jedem Lebewesen manifestiert. In der Unverfügbarkeit des Lebens, seiner *Heiligkeit*, kann sich die Einsicht niederschlagen, dass alle Geschöpfe von Gott ein Lebensrecht erhalten haben. Ohne jede Sakralisierung der Natur verpflichtet der Schöpfungsglauben dazu, dieses Recht zu achten und zu schützen, wo immer es möglich ist. Gerade die Philosophie ALBERT SCHWEITZERS (1875–1965), der den Christen die EHRFURCHT VOR DEM LEBEN eingeschärft hat, lehrt aber auch, dass das Gefüge der Natur eine große innere Tragik beinhaltet, denn sie ist darauf aufgebaut, dass jedes Lebewesen sein Lebensrecht nur wahrnehmen kann, wenn es das gleiche Recht anderer Wesen beeinträchtigt. So gesehen ist die Natur alles andere als vollkommene und bewahrenswerte Schöpfung Gottes, sondern vielmehr ein Teil der erlösungsbedürftigen Welt der leidenden Geschöpfe.

*

Das moderne Naturbild ist von der *Evolutionstheorie* geprägt, die den Kosmos als unaufhörliche und ungerichtete Entwicklung beschreibt, die von »Zufällen« in die eine oder andere Bahn gelenkt wird, ohne ein Ziel zu kennen.

Der christliche Schöpfungsglaube gerät mit dieser Auffassung dann in Konflikt, wenn aus dem Glauben an Gott eine grundlegende Ordnung abgeleitet und ein vorbestimmter Ablauf zu einem Ziel hin angenommen wird. Wenn den Naturwissenschaften von Seiten der Theologie die Indizien für einen erkennbaren Plan der Welt vorgehalten werden, der die Entstehung des Lebens oder die Entwicklung des Menschen als von vornherein angelegt erscheinen lassen, so wird das nicht unwidersprochen bleiben. In der besonders in Amerika sehr heftig geführten Debatte treten Christen mit dem Anspruch auf, zeigen zu können, dass die Annahmen der Evolutionstheorie nicht ausreichen, um die Entstehung des Lebens und die Vielfalt seiner Formen ausschließlich aus dem Zufall zu erklären. Nur ein INTELLIGENT DESIGN, also ein Konstrukteur, wäre in der Lage, entsprechend komplexe Gebilde wie z. B. ein Auge entstehen zu lassen. Die Welt muss nach dieser Auffassung einen Plan haben (vgl. Kapitel 1: Wahrheit und Erkenntnis; ▷ KE 11, 15).

Die theologische Frage ist, ob mit der eventuell plausiblen Annahme eines intelligenten Konstrukteurs dem Schöpfungsglauben eine hilfreiche Begründung geliefert wird. Der Glaube an Gott, den Schöpfer, würde dann darauf verengt, dass Gott die Natur »konstruiert« hat und die Wirksamkeit Gottes wäre auf die statischen Anfangsbedingungen der Welt reduziert. Dadurch kämen andere wichtige Aussagen der Bibel etwa über Gottes Rettung und Neuschöpfung kaum noch zum Zug und der Schwerpunkt des Schöpfungsglaubens würde in einer biblizistischen Überbewertung der Anfangstexte auf das »Wie« der Erschaffung der Welt gelegt. Aus dem treuen Partner des Menschen auf dem Weg durch die Geschichte würde immer mehr der allmächtige Konstrukteur und Kontrolleur.

Um eine fruchtlose Kontroverse mit der Naturwissenschaft zu vermeiden und die theologischen Inhalte richtig zu gewichten, muss festgestellt werden, dass nach biblischer Überzeugung zwar die Entstehung des Menschen als eines Wesens, das zum Partner Gottes berufen ist, im Plan der Schöpfung liegt. Allerdings wird diese TELEOLOGIE (Zielgerichtetheit) der Evolution sich nur dem glaubenden Betrachter erschließen. An den neutralen Fakten lässt sie sich nicht aufweisen, denn die erlauben ebenso widerspruchsfrei die Interpretation der Zufallslenkung. Die Frage, ob der Mensch »gewollt« ist oder nur ein Zufallsprodukt darstellt, lässt sich naturwissenschaftlich nicht klären.

*

Die biblischen Schöpfungsaussagen werden oft mit den ERSCHAFFUNGS-MYTHEN (Gen 1–4) am Anfang der Bibel in eins gesetzt. Diese Texte, die von der Erschaffung der Welt durch Gott erzählen, sind aber – auch wenn sie durch die Redaktoren der Bibel an den Anfang gesetzt wurden – in sachlicher Hinsicht keineswegs das Erste.

Die Frage nach dem Sinn der Welt und des Lebens, wie sie der Schöpfungsglauben aufnimmt, wird in der biblischen Urgeschichte durch Erzählungen beantwortet, die berichten, wie alles angefangen hat. Dahinter steht die antike Auffassung, dass das Wesen einer Sache in ihrem Ursprung aufgehoben ist, der als ein »mitlaufender Anfang« stets gegenwärtig bleibt. Auf diese grundlegende Überzeugung gehen die biblischen Schöpfungstexte ein, nehmen das mythische Erzählmuster auf und verkünden nun Jahwe – im Gegensatz zu den Göttern der Völker – als den wahren Erschaffer der Welt. Ursprünglich und notwendig ist diese Verknüpfung von Erschaffungsglauben einerseits und Vertrauen in die Welt Gottes andererseits jedoch nicht. Das wird schon dadurch erkennbar, dass verschiedene und widersprüchliche Erschaffungsgeschichten (z. B. Gen 1,1 ff. und Gen 2,4 ff.) in der Bibel nebeneinander stehen können, ohne dass der Kern der Sache dadurch fraglich wird.

Die Glaubensaussage, dass die Welt nur als Gottes Schöpfung zu verstehen ist, besagt nichts über die Art und Weise ihres möglichen Anfangs. Allerdings hatten die biblischen Erschaffungsmythen eine so intensive und kulturbildende Wirkungsgeschichte, dass sie heute mit dem christlichen Schöpfungsglauben nahezu identifiziert und biblizistisch verwechselt werden. Die der Naturwissenschaft entstammenden Hypothesen und Bilder über den Anfang des Universums durch einen »Urknall« und die Entstehung des Lebens aus einer angeblichen »Ursuppe« mögen als wissenschaftlich angreifbar oder gesichert gelten, auch bei ihrer Bestätigung wären sie kein Widerspruch zum Schöpfungsglauben.

*

Anstatt ein fiktives Anfangsgeschehen für den Schöpfungsglauben zu reklamieren, scheint es heute erfolgversprechender auf die grundlegenden Erkenntnisse der Evolutionslehre einzugehen und den Blick auf die Zukunft zu richten. Bereits in biblischen Prophetentexten werden Hoffnungsbilder für die Zukunft der Schöpfung entworfen, die den gegenwärtigen Naturgesetzen noch widersprechen, aber zum Ausdruck bringen, wie eine Natur aussehen müsste, die dem Willen Gottes entspricht.

Da werden die Wölfe bei den Lämmern wohnen und die Panther bei den Böcken lagern. Ein kleiner Knabe wird Kälber und junge Löwen und Mastvieh miteinander treiben.

Kühe und Bären werden zusammen weiden, dass ihre Jungen beieinander liegen und Löwen werden Stroh fressen wie die Rinder. *Jes 11,6f.*

Prophetische Texte wie dieser entfalten eine Vision vom Gottesfrieden, der nicht nur die Menschen, sondern auch die Welt der Tiere umschließt. Nicht Kampf ums Überleben und Sieg des Stärkeren können die Entwicklungsmotoren in einer Welt Gottes sein, sondern nur Solidarität, Gemeinschaft und gegenseitiges Für-einander-Einstehen. Ein von Jesus Christus her begründetes Verständnis Gottes kann diese Utopien desAlten Testamentaufnehmen und zu einer Kritik der Natur weiterführen. Schöpfung Gottes kann die Natur im Grunde nur genannt werden, wo in ihr solche Strukturen des friedlichen Miteinanders schon sichtbar werden.

Die Evolutionsgeschichte, soweit sie uns bekannt ist, lässt sich durchaus so deuten, dass die Phase der blinden Selektion mit der Entwicklung des Menschen eine Ende nimmt und übergeht in eine kulturelle Evolution, in der Humanität das Steuer der Entwicklung übernimmt. Die neuen Werte, die mit Jesus in die Welt kommen: Mitleid mit dem Schwachen, Solidarität statt Konkurrenz und Ehrfurcht vor dem Leben des anderen bis hin zur Feindesliebe stehen als Anti-Selektionismus dem brutalen Überlebenskampf der alten Evolution gegenüber. In dieser Weise wären die biblischen Hoffnungsbilder von der messianischen Vollendung der Schöpfung konkrete Zielvorgaben der Evolution und der Geist Gottes könnte als Triebkraft verstanden werden, der die Entwicklung zur neuen Schöpfung vorantreibt. Der gegenwärtige Zustand der Natur würde dann mit Paulus als eine Phase der Geburtswehen (Röm 8) und des Übergangs aufgefasst.

*

Große Naturkatastrophen werfen die Frage nach der Vorsehung Gottes im Naturgeschehen auf. Kann Gott ein Unglück verhindern oder gehen Naturkatastrophen sogar als Strafen von ihm aus?

Der Glaube an Gott als allmächtigen Schöpfer und Herrn der Welt scheint es nahe zu legen, Gott in irgendeiner Weise für das Naturgeschehen verantwortlich machen zu können. Die Theodizeeproblematik (siehe Kapitel 7: Theodizee) stellt sich in diesem Zusammenhang sogar in verschärfter Weise, weil keine menschliche Verfehlung den Tsunami, das Erdbeben oder den Vulkanausbruch verschuldet hat.

Auf der anderen Seite ist deutlich, dass der Schöpfungsglaube die Welt nicht in der Weise der Naturgottheiten verstehen darf, so als ob Gott ein Teil unserer Welt wäre und wie ein Handwerker mit den Naturkräften verfährt. Er schafft durch das Wort und bleibt gegenüber dem Geschaffenen transzendent. Dass es die Natur gibt und dass in ihr Tod und Leben gegeneinander stehen, entspricht seinem Schöpferwillen. Daraus kann man aber nicht den Schluss ziehen, dass Gottes unmittelbares Einwirken die Naturereignisse hervor bringt.

Diese Distanz der Natur zum transzendenten Gott darf auch nicht so gesehen werden, dass der Mensch in seiner Not auf sich allein gestellt ist, weil Gott ihm nicht helfen kann. Wie bei jedem Bittgebet wird auch der Beter, der sich in äußerster Lebensgefahr an Gott wendet zwar um Rettung flehen, aber doch wissen, dass diese in ganz anderer Weise geschehen kann, als er sich das vorstellt. »Bei Gott ist kein Ding unmöglich!« – aber gerade dieses Vertrauen in die unbegrenzten Möglichkeiten Gottes legt diesen nicht darauf fest, für die erflehte Rettung ein bestimmtes Naturgeschehen rückgängig zu machen.

Die Überzeugung Luthers, dass »Gott alle Zeit im Regimente sitzt« und daher nichts geschehen kann, das nicht von ihm gut geheißen wird, gibt dem Glaubenden eine letzte Gewissheit, dass er in keiner Katastrophe aus den Händen Gottes fallen kann, aber es heißt nicht, dass der Schöpfer ein nach menschlichen Maßstäben sorgenfreies Leben garantiert.

*

Der biblische Bericht über die Sintflut und die Rettung Noahs (Gen 6–9) setzt sich mit der Frage auseinander, ob Naturereignisse als STRAFE GOTTES aufgefasst werden müssen. Die Grundlinie der Geschichte, die eine solche Deutung verfolgt, kehrt sich am Ende aber um und lässt Gott selbst von dieser Art des direkten Eingriffs Abstand nehmen. Der Regenbogen wird zum Symbol eines neuen Gottesbildes, das davon ausgeht, dass Gott die Erde segnet und seine Sonne über Gerechten und Ungerechten aufgehen lässt (vgl. Mt 5,45). Damit ist die Deutung der Natur als Bestrafungsinstrument Gottes überwunden, allerdings wird dieses Problem immer wieder neu aufgenommen, denn hier ist eine Grundfrage tangiert (▷ KE 10, 64 ff.).

Wenn Gott *einer* ist und sich als Schöpfer der Welt offenbart, so ist die Vorstellung, dass die Natur ein Bereich ist, der sich nach eigenen, unabhängigen Gesetzen entfaltet, nur schwer mit dem Gottesglauben vereinbar. Dies kann nur gelingen, wenn die Vorstellung von der Einheit und Einzigkeit Gottes soweit gelockert wird, dass etwas neben ihm Platz bekommt, das nicht Gott ist.

Die christliche Lehre vom Wesen Gottes zieht deshalb den Schluss, dass Gott nicht bei sich selbst bleibt, sondern ein Gegenüber schafft und mit diesem Gegenüber in Beziehung tritt. Gott bleibt nicht »alles in allem«, sondern er trifft eine Unterscheidung und setzt etwas aus sich heraus, das nicht Gott ist. Er zieht sich zurück, um Platz zu schaffen für eine eigenständige, aber von ihm gewollte Schöpfung: die Welt.

Erst auf dieser Grundlage ist es möglich, die Erfahrung des Bösen und des Übels – also der Kräfte, die Gottes Willen entgegen wirken – mit dem Glauben an einen Gott zu vereinbaren. Darüber hinaus muss dieser Bereich der Welt auch als Entfaltungsraum für die Freiheit der Geschöpfe angesehen werden. Nur wenn Gott nicht als die »alles bestimmende Wirklichkeit« gedacht wird, kann der Mensch zu ihm in eine Beziehung treten, die mehr ist, als die Beziehung zwischen der Marionette und ihrem Spieler. Der RÜCKZUG GOTTES öffnet also ein Feld, auf dem Ereignisse eintreten können, die seinem Willen und seinem Plan widersprechen, aber es ist auch das Feld auf dem sich Gott und Mensch als Personen und Partner begegnen können.

*

Schon in der jüdischen Glaubensüberlieferung des Alten Testaments wurde das Bild von der SCHÖPFUNG ALS GESCHICHTE geprägt. So wie Jahwe seinen Weg mit seinem Volk Israel geht, so ist auch die ganze Welt auf einem Weg mit Gott. Dieser gemeinsame Weg führt durch das Einwirken Gottes zur Vollendung seines Plans und wird deshalb als HEILSGESCHICHTE geglaubt.

Auch die Evolutionstheorie verwendet zur Beschreibung des gesamten Weltgeschehens das Bild von der Geschichte. Charakteristisch für diese Vorstellung ist, dass kein Augenblick im Ablauf einem anderen gleicht und die Richtung der Veränderung unumkehrbar ist, also ständig Neues geschieht. Im Unterschied zur christlichen Vorstellung von der Schöpfung beinhaltet die Evolutionslehre keine Zielgerichtetheit des Geschichtsprozesses. Genau genommen kann man noch nicht einmal von einer Höherentwicklung etwa im Hinblick auf den Menschen sprechen, weil die Evolution selbst keinen Maßstab dafür bereitstellt. Die Antriebskraft der Evolution ist der Zufall und der sorgt zwar für ständige Veränderung, nicht aber für eine Bewegung auf ein schon im Vorhinein festgelegtes Ziel hin. Die Zukunft ist offen.

Die christliche Tradition hingegen sieht in Jesus Christus die Mitte der Heilsgeschichte. Das schließt ein, dass Gottes Geist in der Geschichte als Kraft am Werk ist, um sie zu seinem in Jesus Christus geoffenbarten Ziel hin zu führen. Neben einer klaren Zielbestimmung der Geschichte rechnet der christliche Glaube auch mit einer lenkenden Kraft, die der bloßen Zufälligkeit eine Richtung gibt. Dieses Vertrauen in die Vorsehung Gottes und seine Macht, die Geschichte zu lenken, sollte allerdings nicht so verstanden werden, als könne man an der Geschichte der Menschheit das Wirken Gottes direkt ablesen und nachrechnen.

*

Nach christlichem Verständnis wirkt diese Kraft nicht wie eine übernatürliche Macht, die an den Menschen vorbei das Geschehen bestimmt. Sondern sie geht als GEIST GOTTES durch die Menschen, die sich ihm öffnen, hindurch und wirkt auf die Geschichte, indem sie Menschen verändert und ihnen Kraft gibt, in der Nachfolge Jesu zu leben. Das Heil erwerben die Menschen nicht durch Rückzug aus der Welt, sondern indem sie in der Welt dem Beispiel Jesu Christi folgen und an dem Werk teilnehmen, sie zu seiner Schöpfung umzugestalten. Die göttliche Heilsgeschichte kann nur zu ihrem Ziel kommen, wenn es gelingt, die Menschen aus ihren Abhängigkeiten zu befreien und in den Dienst Gottes zu stellen. Damit ist den Menschen große Verantwortung bei der Mitgestaltung der Schöpfung übertragen, auch wenn klar ist, dass die Vollendung und endgültige Rettung durch das eschatologische Handeln Gottes erhofft wird.

Der Glaube an den HEILIGEN GEIST ist die Vergewisserung, dass die Schöpfung als Natur- und Menschheitsgeschichte letztlich nicht der Zufälligkeit und Ziellosigkeit übergeben ist, sondern dass trotz aller Rückschläge und Sackgassen der Weg, den Gott mit seiner Schöpfung geht, zum Heil führt.

*

Der christliche Glaube kann auf die TRINITARISCHE BETRACHTUNG des Verhältnisses von Gott und Welt nicht verzichten. Ein strikt monotheistischer Schöpfungsglaube, der nur am Ersten Artikel orientiert wäre, könnte die Schöpfung nicht als ein dynamisches Geschehen und als einen Weg wahrnehmen, der noch nicht an seinem Ende angekommen ist. Die christliche Gottesvorstellung, die Gott als Begleiter und Impulsgeber auf dem gemeinsamen Weg sieht, muss auch damit fertig werden, dass Gott dann von den Entwicklungen in der Natur und vom Handeln der Menschen betroffen, herausgefordert und seinerseits verändert wird. Ein allmächtiger Gott, der ewig in sich gleich bleibt, könnte nur ein statisches Universum in einer still stehenden Zeit hervorbringen. Trotz aller Schwierigkeiten, die damit verbunden sind, muss also gerade im Bezug auf die Schöpfung vom trinitarischen, in sich unterschiedenen Wesen Gottes gesprochen werden (vgl. Kapitel 6: Die christlichen Dogmen).

Kapitel 9 | Der Mensch – Geschöpf und Ebenbild

> Wozu gibt es den Menschen und in welcher Beziehung steht er zu den Tieren?
> Was meint die Bibel mit Gottesebenbildlichkeit?
> Wie deuten Christen die erste »Sünde« Adams?
> Was sagt die Urgeschichte insgesamt über den Menschen?
> Ist die Lehre von der Erbsünde »Schwarzmalerei«?

Seit den ersten Anfängen der Philosophie entstehen Menschenbilder, in denen Denker sich Rechenschaft darüber geben, welche Rolle Menschen in der Welt spielen, welchen Ort in der Natur sie einnehmen, welches ihre Bestimmung und der Sinn ihres Lebens ist und welchen Ursprung und welches Ziel die menschliche Geschichte haben kann. Die Antworten auf diese Fragen wurden in unterschiedlichen Bildern oder Vergleichen festgehalten: Er, der Mensch, sei das Maß aller Dinge, er sei nur ein Zigeuner am Rande des Universums, er sei nichts anderes als das Produkt der ihn umgebenden gesellschaftlichen Verhältnisse oder seine Art sei nur wie ein Schimmelpilz, der sich für kurze Zeit auf einem winzigen unbedeutenden Rand-Planeten gebildet habe. Immer drücken diese Menschenbilder das Selbstbewusstsein der Menschen einer Zeit aus oder wollen gerade dieses Selbstbewusstsein erschüttern. Die frühesten Zeugnisse verwenden oft die Form des Mythos und erklären den Menschen, indem sie darüber berichten, wie die Menschen entstanden sind (▷ KE 11, 46).

*

Die Bibel erzählt hingegen von der Erschaffung des Menschen durch Gott und definiert ihn als »Geschöpf«. Bevor man vom Menschen reden kann, muss man also von seinem Schöpfer, Gott, reden.

So wird der Mensch in biblischer Tradition grundlegend von seinem Gottesverhältnis her verstanden und das bedeutet umgekehrt: Er bleibt sich selbst ein Rätsel! Wo er seinen Weg ohne Gott sucht, warten nur Abgründe und Irrtümer auf ihn, denn er versteht sich selbst nicht. Alle Menschenbilder sind aus der Sicht der Bibel Wunschprojektionen oder Selbstbetrug.

Diese negative Auskunft der Bibel wird aber begleitet von dem Bewusstsein: Als Geschöpf ist der Mensch geborgen in einer größeren guten Ordnung.

Geschöpf zu sein bedeutet für den Menschen in unmittelbarer Weise von Gott gewollt und gekannt zu sein und das nicht in der entfernten Allgemeinheit, dass Gott die Schöpfung am Anfang in Gang gesetzt hat, sondern in der personalen Beziehung: Ich nenne Gott meinen Vater und fühle jeden Tag seine »väterliche, göttliche Güte und Barmherzigkeit«. Gott kennt mich vom Mutterleib an und steht schon zu mir, bevor ich etwas vorzuweisen habe.

*

Die Psalmdichter feiern in überschwenglichen Bildern und begeisterter Sprache die Herrlichkeit der Schöpfung Gottes, ihre Harmonie, Schönheit und Zweckmäßigkeit. Sie betrachten die Menschen als Teil der großen Familie der Lebewesen, die sich alle demselben Schöpfer verdanken und deshalb eine Gemeinschaft bilden. Der Mensch hat seinen festen Platz in der Schöpfung und aus dieser Geborgenheit heraus darf er sich an seinem Dasein freuen. Seinen Mitgeschöpfen muss er mit Solidarität und Respekt begegnen, denn jedes Lebewesen hat sein eigenes Daseinsrecht von Gott. Als Geschöpf kann sich der Mensch nicht zum Mittelpunkt der Welt und seinen Nutzen nicht zum alleinigen Maßstab machen. Er ist nicht Gott und er erfährt, dass sein Leben endlich und seine Möglichkeiten begrenzt sind.

Der Mensch des Alten Testaments kann aber auch diese Seite seiner Geschöpflichkeit annehmen, denn wie alle Geschöpfe lebt er nicht aus sich selbst und für sich selbst, sondern entsteht und vergeht im Rhythmus des Atems Gottes, da er in jedem Augenblick auf Gottes erneuernde und bewahrende Kraft angewiesen ist (▷ KE 11, 47 f.).

*

Wo Menschen sich ihrer grundlegenden Beziehung zu Gott bewusst werden, erfahren sie in ihm einen Partner, der in Freiheit und Souveränität der Welt gegenübersteht: Gott ist transzendent (jenseitig) und kein Bestandteil der Welt. Für den Menschen kann deshalb weder die Natur als Ganzes, noch eine ihrer Erscheinungsformen heilig und verehrungswürdig sein, denn das hieße, Schöpfer und Geschöpf zu verwechseln. In heftiger Polemik grenzt sich der alttestamentliche Glaube von den Religionen und Kulten der Nachbarvölker ab, in denen das zyklische Naturgeschehen und die Fruchtbarkeit vergöttlicht werden. Das Bildnisverbot stellt klar, dass Gott in keinem Ding dieser Welt dargestellt und verehrt werden kann.

*

In den Schöpfungsberichten (Gen 1–3) wird der Mensch in einer den anderen Geschöpfen gegenüber herausgehobenen Stellung gesehen (▷ KE 11, 48 f.): Er ist zum Partner Gottes erschaffen. Als das EBENBILD des Schöpfers, versehen mit dem Auftrag, die Erde zu bebauen und zu bewahren (Gen 2,15), nimmt er eine Mittlerstellung ein, indem er die Schöpfung vor Gott vertritt und im Namen Gottes für die Geschöpfe zu sorgen hat. Die biblische Kernaussage »Gott schuf den Menschen nach seinem Bilde« (Gen 1,27) erhöht also nicht einfach die Würde des Menschen, sondern gibt ihm als dem besonderen Geschöpf eine Bestimmung und Aufgabe.

Seine Sonderstellung besteht darin, dass er dem Schöpfer verantwortlich, den irdischen Dingen und Verhältnissen gegenüber aber frei ist. Das Erreichen seiner Bestimmung hängt nicht von ihnen ab und er soll sich nicht zu ihrem Sklaven machen:

> Die Dinge und Tiere sind, was sie sind. Der Mensch aber ist ein Spiegel dessen, was er über alle Dinge fürchtet und liebt. Das macht seine exzentrische Position aus.[1]

Exzentrisch ist seine Position, weil er nicht wie das Tier im Rahmen seiner festen, vorgegebenen Konstitution leben kann, sondern – sich selbst betrachtend und begutachtend – sein Leben *führt*. Sein Leben verwirklicht nicht einfach ein im Kern vorbestimmtes Konzept sondern muss neu entwickelt werden, indem sich der Mensch distanziert von außen betrachtet und so Entscheidungen fällt. Der Mensch hat sein Zentrum nicht in sich selbst, sondern wählt es: »Woran du dein Herz hängst, das ist dein Gott« heißt es bei Luther im Großen Katechismus. Der Mensch wird so zum Spiegel dessen, was er in den Mittelpunkt seines Lebens setzt – im Guten wie im Bösen.

Der biblische Gedanke der Gottesebenbildlichkeit bezeichnet also die Freiheit des Menschen gegenüber der Welt, erinnert aber gleichzeitig daran, dass nur der Bezug zu Gott vor dem Rückfall in die Abhängigkeit von irdischen Mächten bewahrt.

*

Die weiteren Texte der Urgeschichte (Gen 3–11) entfalten als gemeinsames Thema, wie der Mensch als das in seiner Freiheit problematische Geschöpf Gottes besonderen Anfechtungen und Verführungen unterliegt und immer wieder an seiner Bestimmung scheitert.

---
1 Jürgen Moltmann; Mensch, Stuttgart/Berlin 1971, S. 48 f.

Gen 3, die sogenannte SÜNDENFALLGESCHICHTE, schildert die mythische Ursituation, die den Menschen zum Menschen macht (▷ KE 11, 50 ff.): Er nimmt seine Freiheit in einem Akt des Ungehorsams in Gebrauch. Dieser Schritt ist unumkehrbar und katapultiert den Menschen aus dem Bereich der von Gott behüteten Schöpfung (Paradies) hinaus in eine zwiespältige Welt der Freiheit, die von der Notwendigkeit gekennzeichnet ist, selbst unter Mühen für sein Dasein zu sorgen. Das Böse in der SÜNDENFALLGESCHICHTE liegt allenfalls in der Neigung des Menschen zur Überschreitung des gegebenen göttlichen Maßes: Der Mensch will über Gut und Böse entscheiden und dadurch »sein wie Gott«. Er macht sich vom Schöpfer unabhängig und nimmt sein Dasein selbst in die Hand.

Eine moralisch negative Bewertung dieser Handlung ist unangemessen und rührt erst aus der späteren Deutung der Geschichte her. Im Kontext der Urgeschichte geht es darum, dass durch diesen menschlichen Urakt die Verantwortung für die Folgen der menschlichen Freiheit Gott abgenommen und dem Menschen übertragen wird. Darin sind wir nach Auffassung der Urgeschichte alle Kinder Adams, dass wir die Verantwortung für unser freies Handeln selbst zu tragen haben.

In der späteren Tradition von Paulus und Augustinus wird die Geschichte christlich umgedeutet: Der Mensch ist dieser sittlichen Verantwortung nicht gewachsen, mit der scheinbaren Freiheit entsteht eine Macht, die ihn von Gott entfernt und die nur Gott – nicht die sittliche Kraft des Menschen – aufheben und überwinden kann. Die Kinder Adams sind alle Sünder und bedürfen der Erlösung.

*

Im Zusammenhang der biblischen Urgeschichte wird diese radikale Konsequenz aber noch nicht gezogen. In Gen 4, der Geschichte vom Brudermord Kains an Abel wird gezeigt, welchen Gefährdungen der Mensch ausgesetzt ist und wie er sie bestehen kann. Die Grundsituation der Bevorzugung stellt Kain auf die Probe: »Die Sünde lauert vor der Tür, du aber sei Herr über sie«, so charakterisiert Gott die Lage und fordert den Menschen auf von seiner Freiheit den richtigen Gebrauch zu machen. Aber auch die missbräuchliche Verkehrung der Freiheit, der Mord, trennt den Täter nicht vollständig von Gott. Das KAINSMAL verhindert die Rache am Täter, denn das Böse ist so nicht mehr aus der Welt zu schaffen.

*

Hat Gen 4 den einzelnen Menschen im Blick, so könnte man in Gen 11, dem TURMBAU ZU BABEL davon sprechen, dass die Gefährdung des Menschen durch die Freiheit in dem Augenblick potenziert wird, indem der Mensch zum Gesellschaftswesen wird.

Die Menschen sprechen ein und dieselbe Sprache und wohnen beieinander in einer Stadt. Der Einzelne geht in einem Kollektiv auf, das die Aufgabe des Individuums, sich zu definieren und zu verwirklichen, übernimmt: Sie wollen einen Turm bauen, »damit sie sich einen Namen machen«. Das rabiate Kollektiv, das aus Gründen der Selbstdarstellung zu monströsen Werken greift – ein Turm, der bis an den Himmel reicht –, ist ein Ausdruck für die potenzierte Macht der menschlichen Gemeinschaft, aber auch für das Ausgeliefertsein des Menschen an seine eigene Fantasie. Wo die Bindung an das geschöpfliche Maß verlorengegangen ist, können ideologische Konstruktionen aller Art die Überhand gewinnen und sich als gesellschaftlicher Zwang Geltung verschaffen.

*

Die Urgeschichte insgesamt stellt das Ergebnis des Nachdenkens über die gefährdete Position des Menschen vor Gott in der Welt dar und zeigt dabei den Menschen als potenziell gewalttätigen Rebellen gegen die Begrenzungen seines geschöpflichen Daseins. Einig sind sich die ansonsten sehr unterschiedlichen Sichtweisen des Alten Testaments auf den Menschen aber darin, dass er mit der Hilfe Gottes – vor allem durch das Gesetz, die Thora – auf dem rechten Wege bleiben oder zu ihm zurückkehren kann.

*

Paulus geht im Römerbrief über diese Einschätzung hinaus. Im 7. Kapitel untersucht er die Situation des Menschen vor dem Gesetz und kommt zu dem Schluss: Obwohl die Menschen von Gott in die Freiheit entlassen sind, finden sie sich immer schon in einer Lage vor, in der sie diese Freiheit verspielt haben. Was das Gesetz voraussetzt: Der freie Mensch, der nur zur Wahl des Guten angeleitet werden muss, um ein Leben nach Gottes Willen zu führen, dieser freie Mensch ist eine Fiktion. In der Realität ist der Mensch zwischen dem Guten und Bösen hin- und hergerissen und kann keineswegs frei und unbeeinflusst seine eigenen Entscheidungen treffen und in die Tat umzusetzen.

> Wir bringen es zwar fertig, das Rechte zu wollen; aber wir sind zu schwach, es auch auszuführen. Wir tun nicht das Gute, das wir gerne tun möchten,

sondern das Böse, das wir verabscheuen. Wenn wir aber tun, was wir nicht wollen, dann verfügen nicht wir selbst über uns, sondern die Sünde, die von uns Besitz ergriffen hat. *Röm 7,18b–20*

Diese negative Analyse der menschlichen Möglichkeiten wird bei Paulus getragen und gehalten von dem Bewusstsein, dass Gott mehr zur Rettung des Menschen getan hat als ihm nur das Gesetz zu geben, das ihn verurteilen muss:

So gibt es nun keine Verdammnis für die, die in Christus Jesus sind. *Röm 8,1*

Paulus will die Menschen nicht entmutigen, indem er ihre Lage als eine Art aussichtsloser Gefangenschaft beschreibt. Im Gegenteil möchte er den Kräften zum Guten Auftrieb geben, indem er deutlich macht, dass Gottes Geist in den Menschen tätig wird, wenn sie sich auf Christus verlassen.

*

Allerdings bleibt für den christlichen Glauben die indirekte anthropologische Aussage bestehen, dass die Menschen sich über sich selbst täuschen und weder ihrer Vernunft, noch ihrer sittlichen Kraft vertrauen dürfen. Der moralische Optimismus des AT, dass der Mensch das Gebot Gottes als Weisung für sein Leben befolgen könne, weicht der eher pessimistischen Einschätzung, dass eine Kraft in den Menschen am Werke ist, die alle Anstrengungen immer wieder unterläuft. Seit Augustinus ist von der ERBSÜNDE die Rede, weil dieser Hang zum Bösen den Menschen schon von Anfang an begleitet und keine Ausnahmen kennt: Alle Menschen sind Sünder. Dieser Teil der christlichen Lehre wird aus verschiedenen Perspektiven heftig bestritten.

*

Sowohl das Judentum, wie auch alle idealistisch-humanistische Philosophie wendet sich gegen eine solche Schwarzmalerei, weil die Menschen dadurch nur demotiviert, in ihrem Selbstbewusstsein niedergedrückt und vom positiven Gebrauch ihrer Freiheit abgehalten werden. Demgegenüber betonen die Kritiker die Fähigkeit des Menschen, sich über seine egoistischen, naturhaften Antriebe zu erheben und im Konflikt mit dem als gut Erkannten die richtige, gute Entscheidung zu treffen. Als sittliches, freies Subjekt steht er über allen Naturwesen und kann sich moralisch vervollkommnen.

Die christliche Tradition gibt sich damit nicht zufrieden und untersucht den Konflikt, der jeder sittlich guten Tat vorausgeht, genauer. Die Wünsche des Menschen, das, wovon er sich Leben, Lust und Erfüllung verspricht, stehen mit dem erkannten Guten, dem Gesetz, nicht in Einklang. Der innere Zwiespalt, den jeder Mensch in Konfliktsituationen erlebt, wird auch durch die moralisch richtige Entscheidung nicht aufgelöst oder beseitigt; und wo falsch bzw. böse gehandelt wird, ist das nur Ausdruck dieser inneren Zerrissenheit. Die Tatsünden sind Folgen der grundlegenden Personsünde.

Aus dieser Situation der inneren Spaltung kann sich der Mensch nicht selbst befreien, denn seine eigensüchtigen Wünsche steigen immer wieder in ihm auf. Sein innerstes Motivationszentrum, sein »Herz« zu verwandeln, sodass es keiner Überwindung mehr bedarf, um das Gute zu tun, ist die Erlösung, die der christliche Glaube erhofft.

> Ein gesunder Baum trägt keine schlechten Früchte, und ein kranker Baum trägt keine guten. *Lk 6,43*

Kapitel 10 | Die Sonderstellung des Menschen

> Wohnt im biologischen Körper ein Geist aus ganz anderem Stoff?
> Oder ist der Geist des Menschen nur eine unausrottbare Selbsttäuschung?
> Ist der Mensch die Krone der Schöpfung oder nur ein Nebenprodukt der Evolution?
> Ist der Mensch geprägt durch sein Gehirn oder ist das Gehirn nur ein Organ unter anderen?
> Ist der Gottesglaube auf der Freiheit des Menschen aufgebaut?

Wo das Nachdenken des Menschen über sich selbst beginnt, ist es vom Bewusstsein geprägt, etwas Besonderes, aus der übrigen Natur Herausgehobenes zu sein. Schon in der griechischen Antike sah man im Menschen das einzige Lebewesen, das mit Vernunft ausgestattet ist und daher seine Welt erkennen kann. Der göttliche Geistfunke, der den Menschen zum *homo sapiens,* zum *animal rationale* macht, steht jedoch der Bindung des Menschen an die Triebe und Bedürfnisse seines vergänglichen Leibes gegenüber. So erscheint der Mensch in der Philosophie von Anfang an als ein sehr spannungsvolles Wesen, das Natur und Geist, Trieb und Vernunft als widerstreitende Anteile seines problematischen Wesens in sich trägt. Aber gerade darin ist der Mensch ein Mikrokosmos, ein Abbild des Kosmos im Kleinen, denn in ihm sind alle Schichten, vom Materiellen bis zum reinen Geist, repräsentiert.

*

Am Beginn der Neuzeit hat sich das Verhältnis des Menschen zur Welt beinahe umgekehrt. Nicht der Mensch wird als Abbild des Kosmos gesehen, vielmehr wird der Wirklichkeit der Welt nur noch aus dem Blickwinkel des menschlichen Subjekts Beachtung geschenkt. Nicht der Kosmos, DER MENSCH IST DAS MASS ALLER DINGE. Der Philosoph RENE DESCARTES (1596–1650) beschreibt daher die Wirklichkeit konsequent aus der Perspektive der Wahrnehmung des Ich: Sie zerfällt in ein Innen, den Raum des denkenden und zweifelnden Ich (*res cogitans* = Sache, die denken kann), und ein Außen, den Bereich der räumlich ausgedehnten Gegenstände der Natur (*res extensae* = Dinge, die Raum einnehmen). In programmatischer Weise ist hier der Mensch und sein Bewusstsein zum

Zentrum der Welt erklärt. Dem menschlichen Geist, der ohne Ausdehnung und natürliche Bedürfnisse gedacht wird, steht der Rest der Welt als bloßes Material zur Verfügung. Folgt man dieser Unterscheidung, die den Menschen seiner natürlichen Herkunft völlig entfremdet, so ist aus dem Bestreben, eine Sonderstellung des Menschen zu begründen, die absolut unüberbrückbare Gegenüberstellung von Mensch und Natur geworden. Diese Frontstellung setzt sich bis in die menschliche Person hinein fort, wo der ausdehnungslose Geist seinem eigenen Körper wie ein fremder Herrscher gegenübersteht. Radikaler und folgenreicher ist der Anspruch des Menschen auf eine Sonderstellung und die Beherrschung der Natur nie formuliert worden.

*

Als durch die moderne Naturwissenschaft immer deutlicher wurde, dass der menschliche Geist keine völlig singuläre Erscheinung ist, sondern sich abgestufte Formen der Intelligenz ebenso im Tierreich nachweisen lassen, wurde eine Neubestimmung der Sonderstellung des Menschen immer dringender. Der Philosoph MAX SCHELER (1874–1928) erkannte einen grundlegenden Fehler der bisherigen Auffassungen darin, die Sonderstellung des menschlichen Geistes in einer quantitativen Überbietung des im Tierreich Vorhandenen zu sehen.

> Das neue Prinzip steht außerhalb alles dessen, was wir »Leben« im weitesten Sinne nennen können. Das, was den Menschen allein zum »Menschen« macht, ist nicht eine neue Stufe des Lebens …, sondern es ist ein allem und jedem Leben überhaupt, auch dem Leben im Menschen entgegengesetztes Prinzip, eine echte neue Wesenstatsache, die als solche überhaupt nicht auf die »natürliche Lebensevolution« zurückgeführt werden kann …[1]

Dem LEBEN und seiner vorwärts drängenden Kraft steht allein im Menschen eine gleich ursprüngliche Gegenkraft gegenüber, die Scheler GEIST nennt. Lebewesen, in deren Inneren sich der Gegensatz von Leben und Geist aktualisiert, heißen PERSONEN. Unter Geist soll hier die Möglichkeit des Menschen verstanden werden, sich dem inneren Drang der Lebenskraft auf Triebbefriedigung zu versagen. Der Mensch ist das Wesen, das Nein sagen kann!

---

[1] Max Scheler, Die Stellung des Menschen im Kosmos, 1928, in: Gesammelte Werke, München 1976, S. 34 f.

Diese Freiheit zur interesselosen Betrachtung seiner Welt, zur Reflexion und Selbstreflexion, unterscheidet das GEISTWESEN MENSCH von seinen Geschwistern im Tierreich. Die Intelligenz wird erst zum Unterscheidungszeichen, wenn nicht mehr ihre quantitative Leistungsfähigkeit betrachtet wird, sondern ihre grundsätzliche Ausrichtung: statt als Werkzeug des Lebensdrangs (praktische Intelligenz im Tierreich) nun als Mittel des Sich-Entziehens und Für-sich-Seins beim Menschen. Der aus dem Lebensstrom ausscherende Mensch ist wenigstens zum Teil von den Zwängen des Organischen entbunden und sein Blick wird frei für die Welt. Er tritt aus der Triebgebundenheit hervor als das Wesen der WELTOFFENHEIT.

*

HELMUTH PLESSNER (1892–1985) führt den Ansatz Schelers weiter, geht aber nicht von einer als metaphysisch empfundenen Entgegensetzung von Leben und Geist aus, sondern versucht die naturhaften Gegebenheiten herauszustellen, die für das Lebewesen Mensch entscheidend sind. Die sog. Weltoffenheit ist nichts anderes als eine Instinktschwäche und mangelnde Umweltgebundenheit. Insofern ist der Mensch das »nicht festgestellte Tier« (Nietzsche), das in seiner Vielseitigkeit zur Selbstreflexion neigt. Pleßner charakterisiert die Lage des Menschen als EXZENTRISCHE POSITIONALITÄT und möchte dadurch zum Ausdruck bringen, dass er sein Leben nicht aus einer selbstverständlichen Mitte heraus lebt, sondern ständig dazu gezwungen ist, zu sich auf Distanz zu gehen, sich zu betrachten und SELBSTBEWUSSTSEIN zu entwickeln. Der Mensch lebt nicht, er führt sein Leben.

*

ARNOLD GEHLEN (1904–1976), ein weiterer Vertreter der sog. PHILOSOPHISCHEN ANTHROPOLOGIE, sieht im Menschen wie Herder ein biologisches Mängelwesen, eine physiologische Frühgeburt, die aufgrund ihrer organischen Mittellosigkeit und ihrer Entwicklungshemmung in der natürlichen Lebenswelt ein starkes Handicap trägt. Der Mensch muss, um zu überleben, seine Welt Stück für Stück umgestalten: Er muss »handeln«. Als handelndes Wesen kompensiert er seine Schwächen durch Sprache, Technik und Kultur. Besonderes Augenmerk legte Gehlen auf die Bedeutung von gesellschaftlichen Institutionen, die dem Einzelnen als historisch gewachsene Wirklichkeiten Stabilität und Entlastung verschaffen. Der Mensch ist ein handelndes Wesen, das sich in Institutionen organisiert.

*

Der Theologe WOLFHART PANNENBERG (*1928) nimmt diese philosophischen Beschreibungen des spezifisch Menschlichen auf und will in ihnen ein Angelegtsein des Menschen auf ein Gegenüber erkennen, das weder in der Natur noch in der Kultur identifiziert werden kann. Der Mensch ist sein Leben lang mit unruhigem Herzen (Augustinus) auf der Suche, ohne dass sein Streben letztlich zur Ruhe und Erfüllung kommt.

> Die chronische Bedürftigkeit, die unendliche Angewiesenheit des Menschen setzt ein Gegenüber jenseits aller Welterfahrung voraus ... Für dieses Gegenüber, auf das der Mensch in seinem unendlichen Streben angewiesen ist, hat die Sprache den Ausdruck Gott.[2]

Die Weltoffenheit des Menschen stellt sich für den Theologen in ihrer Tiefendimension als GOTTOFFENHEIT heraus.

*

Die Abkoppelung des Menschen von der Natur und die Betonung des Geistes als naturfremdes Element wurde schon im 19. Jahrhundert heftig in Frage gestellt. Als wichtigster Anreger einer naturalistischen Anthropologie kann ARTHUR SCHOPENHAUER (1788–1860) gelten, der den Menschen nicht als einen gelassenen Beobachter beschreibt, der frei und offen der Natur- und Objekt-Welt gegenübersteht, sondern als begehrendes und wollendes Naturwesen. Der Mensch ist längst Teil der Natur, bevor er sich seiner selbst und seiner Umwelt erkennend bewusst wird. Er wird von einem blinden Drang vorwärts geschoben, der ihn mit schlafwandlerischer Sicherheit zu den Zielen steuert, auf die seine Triebnatur schon immer ausgerichtet ist. Ständig ist er damit befasst, etwas zu wollen, zu begehren, anzustreben und dieses Wollen ist durch keine Vernunft aufzuheben oder umzulenken. Denn:

> Gegen die mächtige Stimme der Natur vermag die Reflexion wenig.[3]

Die Vernunft und das Bewusstsein entstehen im Kopf, der Kopf aber ist nur ein Teil des Körpers, der im Ganzen vom Willen vorwärtsgetrieben

---

2 W. Pannenberg, Was ist der Mensch?, 8. Aufl., Göttingen 1995, S. 11.
3 Arthur Schopenhauer, Die Welt als Wille und Vorstellung, Bd. 1, Frankfurt/M. 1986, S. 389.

wird. Alle Aktivität wird aus dieser Kraftquelle gespeist, und so ist auch der Intellekt mit seinem Denken und Vorstellen nur ein Diener des Willens. Im Gegensatz zur Tradition der abendländischen Philosophie sieht Schopenhauer wie auch später FRIEDRICH NIETZSCHE (1844–1900) in Vernunft und Bewusstsein des Menschen nur die Oberfläche seines Wesens. Die Menschen glauben, von vorn vom Geist gezogen zu werden, in Wirklichkeit werden sie von hinten vom unbewussten Lebenswillen geschoben.

*

Die Philosophie ist in der Beurteilung der menschlichen Rolle in der Natur außerordentlich gespalten. Neben eine idealistische Philosophie des Geistes tritt eine Philosophie der Natur, die den Menschen in seine natürliche Umwelt einordnen möchte. Immer stärker werden dabei auch naturwissenschaftliche Ergebnisse in die Diskussion um das Menschenbild miteinbezogen, wie besonders SIGMUND FREUD (1856–1939) mit seiner These von den drei Kränkungen der menschlichen Eigenliebe deutlich macht:

> Die Wissenschaft hat durch die kopernikanische Wende die Erde, die Heimat des Menschen, aus dem Mittelpunkt des Weltalls an seinen Rand gerückt. Der Darwinismus hat die Abstammung des Menschen aus dem Tierreich enthüllt und die Psychoanalyse macht durch die Erforschung des Unbewussten klar, wie wenig das menschliche Ich Herr im eigenen Hause ist.[4]

*

CHARLES DARWIN (1809–1882) entdeckte, dass sich die Merkmale aller Lebewesen von Generation zu Generation leicht verändern, und glaubte, darin den Ursprung für die Entstehung der Arten gefunden zu haben. Er nahm an, dass die natürlichen Lebensbedingungen in langen Zeiträumen auf die Lebewesen denselben Einfluss nehmen, wie ein menschlicher Züchter: Angepasste Tiere können überleben und sich vermehren, unangepasste sterben aus. Auf diese Weise können große Veränderungen in den Merkmalen einer Art auftreten. Verschiedene klimatische Verhältnisse, natürliche Feinde und eine Vielfalt anderer Faktoren können zu einer so unterschiedlichen Entwicklung ursprünglich ähnlicher Lebewesen führen, dass neue Arten entstehen. Darwin meinte, damit die Entwicklung von einem einfachen Ursprung des Lebens zur gegenwärtigen reichen Arten-

---

4   Sigmund Freud, Studienausgabe Bd 1, Frankfurt/M. 1972, S. 283f.

vielfalt der Lebewesen erklären zu können. Für den Menschen musste man daraus den Schluss ziehen, dass auch er *nicht* als Mensch erschaffen wurde, sondern sich der Ausdifferenzierung der Arten verdankt, also – kurz gesagt – »vom Affen abstammt«.

*

Heute weiß man, dass die dauernde Veränderung von Merkmalen auf winzige Abschreibfehler bei der Vervielfältigung des genetischen Codes (Mutationen) zurückzuführen ist. Hier setzt die Selektion ein, die dafür sorgt, dass nur angepasste Lebewesen ihren Code weitergeben können. Mit der Entstehung des Menschen wird jedoch diese erste GENETISCHE PHASE der Evolution durch eine zweite abgelöst und überboten: die KULTURELLE PHASE. Die Entwicklung des Menschen schreitet ohne nennenswerte Veränderung des Erbgutes in immens beschleunigter Weise fort, als es gelingt, Erfahrungen an die nächste Generation ohne den Umweg einer langwierigen Codierung und Einspeisung der Informationen in die Gene weiterzugeben. Der Mensch behauptet sich in seiner Umwelt nicht durch seinen überlegenen genetischen Bauplan, sondern durch die Fähigkeit, zu entdecken und zu lernen und seine Erfahrungen durch Sprache auszutauschen und weiterzugeben. Die Evolutionsbiologie sieht in der menschlichen Kulturentwicklung nur eine besondere Phase der Evolution, die im Prinzip denselben Mechanismen unterworfen ist. In der kulturellen Evolution entstandene Neuerungen, Ideen, stehen in derselben Wettbewerbssituation wie unterschiedliche Gene: Auch hier überleben diejenigen, die ihren Trägern die optimale Anpassung vermitteln. Die Gesetze der Evolution können aus dieser Sicht nicht nur auf den Menschen als biologisches Wesen angewandt werden, sie gelten vielmehr auch für das gesamte geistige und kulturelle Dasein des Menschen einschließlich der Religion.

*

Den Begriff EVOLUTION wendet die moderne Wissenschaft heute auf die gesamte Geschichte der Natur an, sozusagen vom Urknall bis zur Gegenwart, um damit auszudrücken, dass die Welt als ein einheitlicher Entwicklungsprozess aufgefasst wird, der von der Welt des Anorganischen bis zum organischen Leben in seinen kompliziertesten Formen alles hervorgebracht hat. Von diesem gedanklichen Ansatz her muss auch der Mensch als Produkt der Evolution verstanden werden und wissenschaftlich im Zusammenhang und Vergleich mit den parallelen Entwicklungen im Tierreich untersucht werden. Von den meisten Biologen wird bisher noch vorausgesetzt, dass die Evolution keine vorgegebene Richtung und weder Zweck noch Ziel kennt. Insofern kann der Mensch, auch wenn er das »am höchsten« entwickelte Lebewesen ist, nicht davon ausgehen, die KRONE DER SCHÖPFUNG zu sein, mit deren Erreichung der Weg zu Ende ist. Jedes Produkt der Evolution ist nach dieser Ansicht ein Produkt des Zufalls, der immer weiter am Werk ist. Andere Forscher glauben, einen inneren Richtungssinn der Evolution ausmachen zu können, und sehen im Weg der Evolution bis zum Menschen die Verwirklichung der Absichten des Schöpfers.

*

Wir sind kurz davor, die Funktionsweise des Gehirns auf einer realen, molekularen Ebene zu verstehen. Das ist der Beginn eines neuen Zeitalters.

So formulieren Neurowissenschaftler ihre Hoffnung auf eine ganz neue Anthropologie, die auf einer »realen« Basis, d. h. nicht mehr auf Introspektion, sondern auf messbaren Daten gründet. Insbesondere die neu entwickelten bildgebenden Verfahren bei der Darstellung von menschlicher Gehirnaktivität haben die Erwartung aufkommen lassen, es werde in absehbarer Zeit möglich sein, die Gehirnareale zu kartieren. Damit könnte man sie bestimmten Funktionen zuzuweisen, sodass am Ende menschliche Gedanken beobachtbaren neuronalen Vorgängen zugeordnet werden können. Man könnte dem Gehirn beim Denken zusehen oder eventuell auch mentale Aktivitäten von außen steuern (▷ KE 11, 58 ff.).

Dieser Traum ist nicht neu, aber schon der Aufklärer Leibniz warnte:

»Denkt man sich etwa eine Maschine, die so beschaffen wäre, dass sie denken, empfinden und perzipieren (wahrnehmen) könnte, so kann man sie sich derart proportional vergrößert vorstellen, dass man in sie wie in eine Mühle eintreten könnte. Dies vorausgesetzt, wird man bei der Besichtigung ihres Inneren nichts weiter als einzelne Teile finden, die einander stoßen (in Bewegung setzen), niemals aber etwas, woraus eine Perzeption zu erklären wäre.« [5]

*

Großen Auftrieb erhielt der Determinismus der Neurowissenschaften durch die sog. LIBET-EXPERIMENTE, deren Ergebnisse so gedeutet wurden, dass bei einfachen Handlungen (wie dem Heben eines Arms) der Muskel-

---

5 Gottfried Wilhelm Leibniz, Monadologie, 1714, §. 17. [1].

impuls der bewussten Entscheidung um eine Winzigkeit vorausgeht. Dies würde bedeuten, dass der bewusste Entscheidungsakt nicht die wahre Ursache der Handlung sein kann. Menschliche Handlungen, so wurden diese Experimente interpretiert, folgen aus gesetzmäßigen neuronalen Vorgängen und nicht aus »freien Willensentscheidungen«; sie sind – wie alle Naturvorgänge – vollständig determiniert.

Damit, so glauben manche Vertreter dieser Wissenschaft, sei nicht nur ein neues Stadium der Gehirnphysiologie erreicht, sondern auch ein neues Kapitel des menschlichen Selbstverständnisses aufgeschlagen. Menschen können jetzt auf naturwissenschaftlichem Wege ihr eigenes Denken nachvollziehen und damit die Themen, die bisher noch dem schwankenden Grund der Philosophie, Theologie und allen sog. Geisteswissenschaften vorbehalten waren, auf die sichere methodische Basis der Naturwissenschaften stellen (▷ KE 11, 62 f.).

*

Auf der geisteswissenschaftlichen Seite werden solche Ansprüche wenig ernst genommen. Auch eine empirisch gut belegte Theorie der Gehirnfunktionen bleibt eine menschliche Theorie und darf nicht mit »der Realität« verwechselt werden (vgl. Kapitel 1: Wahrheit und Erkenntnis). Besondere Vorsicht ist also angebracht, wenn eine wissenschaftliche Theorie generell das Entstehen von Theorien im Gehirn zum Untersuchungsgegenstand hat, weil hier offensichtlich keine Klarheit mehr über die impliziten Voraussetzungen herrscht und Zirkelschlüsse nahe liegen.

*

Ein weiterer gewichtiger Einwand gegen einen naturwissenschaftlichen Determinismus liegt darin, dass zwar viele unterschiedliche Faktoren menschliches Denken und Handeln bestimmen, diese aber auf verschiedenen, keineswegs nur materialistisch, neuronal zu verstehenden Ebenen liegen. Die sozialen, kulturgeschichtlichen und religiösen Beeinflussungen menschlichen Denkens und Handelns liegen auf einer symbolischen, nur der Geisteswissenschaft zugänglichen Ebene und sind nicht identisch mit neuronalen Verschaltungen, auch wenn sie im Gehirn des Einzelnen zu solchen führen. Einstellungen, Werte und Glaubensüberzeugungen können niemals angemessen als molekulare Muster beschrieben werden, auch wenn es solche Versuche als NEUROTHEOLOGIE schon gab.

Zur Determinierung einer Handlung gehört ein ganzes Setting, in das nicht nur physikalische Gegebenheiten einzubeziehen sind, sondern auch

Lernerfahrungen, Haltungen, die sich aus solchen Lernerfahrungen gebildet haben, und natürlich auch ganz aktuelle Beeinflussungen und Appelle von Mitmenschen. Im Determinismus spielt das *alles* eine Rolle, wenn eine Entscheidung gefällt werden muss, und insofern scheint die Grundthese des Determinismus eigentlich harmlos zu sein: Sie besagt nichts anderes, als was man auch vorher schon wusste: Menschen sind kompliziert und vielschichtig und für ihr Verhalten gibt es viele Faktoren.

*

Ein dritter Einwand beruht auf einer näheren Untersuchung der verwendeten Begriffe. Die umstrittene »Willensfreiheit« erscheint nur dann als widersprüchlich und unhaltbar, wenn sie als eine spontane Willkür ohne Gründe gedeutet wird. Die Vertreter der Willensfreiheit sind aber gerade daran interessiert, dass Willensentscheidungen Gründe haben; sie wollen ein Menschenbild aufrecht erhalten, das Handlungen als dem Akteur zurechenbar erscheinen lässt, sodass dieser sich dafür verantworten muss. Eine uneingeschränkte Freiheit ohne beeinflussende Faktoren ist weder denkbar noch aus ethischen Gründen gefordert:

> Der Mensch ist frei geschaffen, ist frei, und würd' er in Ketten geboren.[6]

Auch aus der Sicht der Evolutionstheorie wird der Neurobiologie widersprochen. Alva Noe wirft dieser Forschung vor, einen überholten und irreführenden Ansatz zu verfolgen, wenn sozusagen vom GEHIRN IM TANK ausgegangen wird, für das die Umwelt nur in Form von Nervenreizungen zugänglich ist. Diese Vorstellung ist nichts anderes als eine Fortsetzung der These Descartes', der mit seiner Unterscheidung von Geist und Materie die philosophische Diskussion der nach ihm kommenden Jahrhunderte prägt. Diese Sichtweise führt in das Dilemma das Problem entweder idealistisch (»Wie schafft es der Geist zu einer physikalisch wirksamen Kraft zu werden?«) oder materialistisch (»Wie entsteht aus physikalischen Prozessen im Gehirn so etwas wie Bewusstsein?« oder »Wie kommt das Gespenst in die Maschine?«) zu formulieren. Beide Alternativen erweisen sich als Sackgassen (▷ KE 11, 61).

Aus der Sicht der evolutionären Kognitionsforschung ist das Gehirn keineswegs die zentrale Steuerungsinstanz, in der über alle Handlungen und Aktionen des Lebewesens entschieden wird. Es ist nicht mehr als

---

6   Friedrich von Schiller, Die Worte des Glaubens, 1797.

ein Organ, das wie alle anderen Organe eine bestimmte Rolle in einem Gesamtkonzept hat. Das Lebewesen als Ganzes ist in aktivem Austausch mit seiner Umwelt. Das Bewusstsein ist eine Aktivität von Lebewesen, wie Tanzen. Gehirn, Sinnesorgane und Bewegungsorgane sind bei der Entstehung des Bewusstseins ebenso beteiligt wie die Dinge der sog. Außenwelt. Dem Gehirn dabei die einzige und zentrale Rolle zuzumessen ist ein Fehler, der die überkommenen Fehleinschätzungen der traditionellen Philosophie weiterträgt.

Die Vorstellung, dass eine naturwissenschaftliche Erforschung des Bewusstseins geistige Vorgänge mit Ereignissen im Nervensystem gleichsetzen muss, ist Teil eines überholten Reduktionismus. Die menschliche Erfahrung ist ein Tanz, der sich in der Welt und mit anderen entfaltet. Wir sind nicht unser Gehirn. Wir sind nicht im Gefängnis unserer Vorstellungen und Empfindungen gefangen. Das Phänomen des Bewusstseins ist ebenso wie das des Lebens ein mit der Welt verwobener, dynamischer Prozess. Wir sind zu Hause in der Welt, die uns umgibt. Wir stecken nicht in unserem Kopf.[7]

*

Die menschliche Freiheit, moralische Entscheidungen zu treffen und daher als verantwortliches, sittliches Subjekt zu handeln, war schon für Immanuel Kant eine zwar unbeweisbare, aber trotzdem unvermeidliche Annahme der Anthropologie. Auch die neuerlichen Versuche, einen naturwissenschaftlich bestimmten Determinismus zu statuieren, werden vor allem deshalb abgelehnt, weil sie ein Menschenbild zur Folge hätten, in dem Verantwortung und Schuld zu Begriffen ohne Inhalt würden.

Besonders die katholische Moraltheologie geht von der Grundüberzeugung aus, dass die menschliche Entscheidungsfreiheit in moralischen Fragen zur Grundausstattung des Geschöpfes Mensch gehört. Die biblischen Texte werden so verstanden, dass in ihnen die Bestimmung des Menschen zum guten Handeln – orientiert an den Geboten oder am Naturrecht, das den Menschen »ins Herz geschrieben« (Röm 2,14 f.) ist – zum Ausdruck kommt. So wie in der Freiheit die menschliche Gottebenbildlichkeit erblickt wird, so wird die deterministische Unfreiheit als zentraler Angriff auf das christliche Menschenbild verstanden und abgelehnt.

*

---

7   Alva Noe, Du bist nicht dein Gehirn, München 2010, S. 12 f.

In der protestantischen Tradition, die sich ganz programmatisch als »Religion der Freiheit« (JÜRGEN MOLTMANN) verstehen möchte, erscheint die menschliche Freiheit weniger oder gar nicht als die ursprüngliche Mitgift der göttlichen Schöpfung, sondern als BEFREIUNG durch die Erlösung Gottes, bewirkt in Jesus Christus (▷ KE 11, 66).

Die Freiheit des Anfangs ist schon immer verspielt und verwirkt. Der Mensch, der auf sich selbst zurückgeworfen ist, erfährt sich als unfrei und gespalten, wie der Apostel Paulus beschreibt:

> Ich begreife mein Handeln nicht: ich tue nicht das, was ich will, sondern das, was ich hasse, das tue ich. *Röm 7,15*

In seiner Auseinandersetzung mit ERASMUS VON ROTTERDAM (1466/69–1536) macht Luther deutlich, dass der Mensch ein *incurvatus in se ipse*, ein in sich selbst verkrümmtes Wesen ist, das es nicht fertigbringt, dem Weg Gottes zu folgen, weil es in verkehrter Erkenntnis seinen eigenen Weg sucht, der dem Plan Gottes widerspricht. Daher ist für Luther der Mensch nicht frei, sondern in seinem Willen gebunden *(De servo arbitrio)*. Die Betonung in dieser Schrift liegt darauf, dem Menschen jede Mitwirkungsmöglichkeit an seinem Heil abzusprechen.

Umgekehrt singt Luther (▷ KE 11, 67) in seiner Schrift *Von der Freiheit eines Christenmenschen* (1520) das große Lied der Freiheit, die dem Christen durch den Glauben geschenkt wird. Wer glaubt und sich nur auf Christus verlässt, ist vom Zwang, sich selbst zu rechtfertigen befreit und kann nun sein Handeln unabhängig gestalten. An die Stelle der fiktiven ursprünglichen Freiheit tritt das reale Befreit-Sein des Christen, das allerdings nur in der Bindung des Glaubens wirklich wird.

Die unterschiedlichen theologischen Traditionen werden an dieser Stelle besonders deutlich unterscheidbar. Der protestantisch akzentuierte Freiheitsbegriff betont die Determiniertheit des Menschen durch die Sorge um sich selbst und schränkt die prinzipiell eingeräumte sittliche Freiheit (wie etwa bei Kant) ein. Er kann sich zwar frei zwischen Handlungsmöglichkeiten entscheiden, aber jede seiner Taten ist trotzdem von der Sünde bestimmt und daher nicht frei.

Um alle seine Handlungsmöglichkeiten ausschöpfen zu können, muss der Mensch von der Sorge um sich selbst befreit werden. Wer im Vertrauen auf Gottes Erlösung über die Grenzen seines Selbst hinausblicken kann, erfährt eine neue Freiheit und Gelassenheit im Handeln.

Kapitel 11 | Rechtfertigung und Ethik

> Steht der Mensch dauernd auf dem Prüfstand Gottes?
> Wer muss sich vor wem »rechtfertigen«?
> Gibt es einen ungesunden Zwang zur »Selbst-Rechtfertigung«?
> Was besagt die »Rechtfertigungslehre« der Reformation?
> Warum soll man vor Gott nicht Recht behalten wollen?
> Wie sieht eine Ethik aus, wenn der Mensch schon gerechtfertigt ist?

Im religiös-theologischen Sprachgebrauch hat der Begriff RECHTFERTIGUNG eine Bedeutungsbreite, die über das alltagssprachliche »sich rechtfertigen« weit hinausgeht. Er beschreibt einen Akt, der vor einer Autorität abgelegt wird und in dem ein Mensch eine Handlungsweise zu begründen versucht. Durch Darlegung seiner Motive und seiner Kenntnis der Umstände macht er deutlich, dass er sich keiner Verfehlung schuldig gemacht hat, was ihm die Autorität bestätigen soll.

Gebraucht man den Begriff im religiösen Kontext, so ändern sich zwei Elemente der Definition: die Autorität ist Gott und die in Frage stehende »Handlungsweise« ist das ganze Leben des Menschen. Durch diese Vertiefung steht mit der Rechtfertigungsfrage das Existenzrecht der Person auf dem Spiel. Das Dasein des Menschen vor Gott ist an sich fraglich und bedarf der Rechtfertigung, die akzeptiert oder verworfen werden kann. Im Gericht Gottes über den Menschen wird das ganze Leben auf die Waagschale gelegt. Es geht um Heil oder Hölle.

*

Im umfassenden Sinne gerechtfertigt zu sein, entspricht einem anthropologisch grundgelegten Bedürfnis. Für sein Leben, seine Leistung, seine pure Existenz Anerkennung und Bestätigung von der Umgebung, den Eltern, der Gesellschaft oder Gott zu erfahren, ist eine Grundbedingung für ein erfülltes Leben. Die exzentrische Positionalität menschlicher Existenz (vgl. Kapitel 10: Die Sonderstellung des Menschen) macht schon die schlichte Selbstbejahung, das ohne Einschränkungen gute Gewissen zu einem fast unlösbaren Problem und schickt den Menschen auf die Suche nach der Rechtfertigung seiner selbst aus einer Außenperspektive. Jeder Mensch ist auf die Akzeptanz durch die anderen angewiesen und es bleibt in gewisser Hinsicht rätselhaft, wodurch er sie erhalten kann. Das Urteil über den anderen kann sich an seinen Leistungen, Qualitäten und besonderen Eigenschaften orientieren; es kann sich aber auch nur auf seine Person gründen. Zuspruch der »Rechtfertigung« können Menschen erhalten aus Gerechtigkeit – oder aus Liebe. Soziologen wie MAX WEBER (1864–1920) sehen in der Sensibilisierung für die Notwendigkeit von Selbstrechtfertigung in religiös geprägten Gesellschaften einen starken Antrieb für gesellschaftliche Aktivitäten wie berufliche Leistungsbereitschaft, strenges Arbeitsethos und soziales Engagement. Alles, was das Gefühl geben kann, ein besserer, gar ein guter Mensch zu sein, und dadurch Übereinstimmung mit sich selbst, den anderen und der Gesellschaft, ja auch mit den höchsten Werten und Gott zu erfahren, bestimmt unmittelbar den Lebensstil. Damit ist »Rechtfertigung« als Motiv, den Sinn des eigenen Lebens zu suchen, aus der rein religiösen Sphäre ausgewandert. Die Autorität Gott kann durch andere letzte Lebensziele ersetzt werden. Was bleibt, ist die Rolle des Menschen, der über sich Auskunft geben muss, damit ein Urteil gefällt werden kann.

*

Die innere Not, sich jeden Tag vor Gott rechtfertigen zu müssen, wie Luther sie im Kloster verspürt hat, wird heute kaum noch jemand nachvollziehen können. Sie hat sich ja auch für viele Zeitgenossen Luthers als Trauma eines übersensiblen Mönchs dargestellt. Auch die von Luther verspürte Unmöglichkeit, sich durch eigene Werke und moralische Leistungen zu rechtfertigen, erscheint – damals wie heute – nicht so aussichtslos. Das Gefühl, mit seinen Leistungen nicht bestehen zu können und mit seinem Leben auf der ganzen Linie zu versagen, wird heute eher als Symptom für ein vorübergehendes Burn-out-Syndrom oder eine behandlungsbedürftige Depression angesehen.

Eine Rechtfertigung »allein aus Gnade« wie sie zur Formel für die Neuorientierung der Reformation wurde, beschädigte und beschädigt das menschliche Selbstbewusstsein nachhaltig. In der säkularen Gesellschaft wird sie durch eine soziale Bewährung abgemildert und ersetzt. Martin Walser analysiert:

> Heute: Wir führen, wenn es uns gut geht, unser Wohlergehen auf uns selbst zurück. Also auf unsere Werke. Die, die ihre Gelungenheit noch als Gnade erleben, dürften seltener sein. Schon lieber nennen wir's Glück. Oder Zufall. Oder, um uns größer vorzukommen, Gerechtigkeit … Was wir hinter uns gelassen haben: Rechtfertigung überhaupt von, sagen wir, oben zu erwarten. Heute genügt es, dass es einem gut geht, dann ist sein Recht-

fertigungsbedarf schon gedeckt ... Polemisch gesagt: Rechtfertigung ohne Religion wird zur Rechthaberei. Sachlich gesagt: verarmt zum Rechthaben.[1]

*

Die Reformation nimmt in der Rechtfertigungsfrage eine Linie auf, die mit Paulus und Augustinus vorgegeben ist. Beiden geht es darum, jede Möglichkeit einer Selbstrechtfertigung des Menschen vor Gott von vornherein auszuschließen.

Paulus beklagt in Röm 7 (vgl. Kapitel 9: Der Mensch – Geschöpf und Ebenbild), dass der Mensch nicht frei ist, dem Gesetz Gottes zu folgen, das allein ihn rechtfertigen könnte. Immer wieder muss der Mensch an sich selbst feststellen, dass er seinem besseren Wissen nicht gefolgt ist. Augustinus resümiert in gleicher Weise, dass der Mensch Gott nichts anzubieten hat, das diesen dazu veranlassen müsste, ihn zu rechtfertigen.

Luther schildert im Rückblick auf sein Leben die Erfahrungen des Scheiterns, die er als junger Mönch im Kloster macht. Seine Verzweiflung über seine eigene Unbeständigkeit und mangelnde geistliche Reife bereiten den Boden für das sog.»Turmerlebnis«, wie man Luthers plötzlich aufleuchtende Entdeckung der Gnade Gottes oft nennt.

> Ich war von einer wundersamen Leidenschaft gepackt worden, Paulus in seinem Römerbrief kennenzulernen, aber bis dahin hatte mir nicht die Kälte meines Herzens, sondern ein einziges Wort im Wege gestanden, das im ersten Kapitel steht: »Die Gerechtigkeit Gottes wird im Evangelium offenbart« [Röm 1,17]. Ich hatte nämlich dieses Wort »Gerechtigkeit Gottes« zu hassen gelernt, das ich nach dem allgemeinen Wortgebrauch aller Doktoren philosophisch als die sogenannte formale oder aktive Gerechtigkeit zu verstehen gelernt hatte, mit der Gott gerecht ist, nach der er Sünder und Ungerechte straft. – Ich aber, der ich trotz meines untadeligen Lebens als Mönch, mich vor Gott als Sünder mit durch und durch unruhigem Gewissen fühlte und auch nicht darauf vertrauen konnte, ich sei durch meine Genugtuung mit Gott versöhnt: ich liebte nicht, ja, ich hasste diesen gerechten Gott, der Sünder straft. ...
>
> So raste ich in meinem wütenden, durch und durch verwirrten Gewissen und klopfte unverschämt bei Paulus an dieser Stelle an, mit heißestem Durst zu wissen, was St. Paulus damit sagen will.

---

1 Martin Walser, Über Rechtfertigung, eine Versuchung, Reinbek bei Hamburg 2012, S. 32 f., S. 40 f.

Endlich achtete ich in Tag und Nacht währendem Nachsinnen durch Gottes Erbarmen auf die Verbindung der Worte, ... Da habe ich angefangen, die Gerechtigkeit Gottes so zu begreifen, dass der Gerechte durch sie als durch Gottes Geschenk lebt, nämlich aus Glauben; ich begriff, dass dies der Sinn ist: offenbart wird durch das Evangelium die Gerechtigkeit Gottes, nämlich die passive, durch die uns Gott, der Barmherzige, durch den Glauben rechtfertigt, wie geschrieben steht: »Der Gerechte lebt aus dem Glauben.«

Nun fühlte ich mich ganz und gar neugeboren und durch offene Pforten in das Paradies selbst eingetreten. Da zeigte sich mir sogleich die ganze Schrift von einer anderen Seite.

... Später las ich Augustin, wobei ich unverhoffterweise darauf stieß, daß auch er die Gerechtigkeit Gottes ähnlich interpretiert: [als die Gerechtigkeit], »mit der uns Gott bekleidet, indem er uns rechtfertigt«.[2]

*

Der Zusammenhang macht deutlich, warum Luther seine damaligen Krisenerfahrungen im Rückblick so grundsätzlich deutet. Seine Erfahrungen des Ungenügens trotz höchster moralischer Anstrengung könnten ebenso als vorübergehende Krise eingeordnet werden. Luther sieht in ihnen hingegen Indizien für ein unaufhebbares menschliches Defizit.

Seine Meditation der Paulusstelle führt ihn dazu, die moralische Annäherung an das Ideal selbst als Irrweg zu erkennen und nicht mehr nur seine Unerreichbarkeit zu beklagen. Seine Erkenntniswende führt ihn zu einem neuen Verständnis Gottes: Gott fordert nicht Gerechtigkeit, sondern er macht gerecht.

Wenn Gott in dem Prozess der Rechtfertigung die aktive Rolle übernimmt, dann ist der Part des Menschen der des Aufnehmenden, der sich verwandeln lässt, und nicht desjenigen, der Recht behalten will. Erst aus der theologischen Erkenntnis über die Gnade Gottes wird deutlich, was die fruchtlosen Klosterjahre zu bedeuten haben: Sie sind Ausdruck eines falschen Weges der Selbstrechtfertigung gegen Gott.

Solange sich der Mensch auf dem »Prüfstand« Gottes fühlt, kann nur sein Abstand zu dem von Gott Geforderten angezeigt werden. Es kommt aber darauf an, Gott das Werk der Rechtfertigung tun und die Kraft Gottes in sich wirken zu lassen. Daraus kann ein aktives Leben entstehen, das nicht den Eigenanteil von Gottes Anteil am Handeln unterscheiden

---

2   Martin Luther, Vorrede zum ersten Band der lateinischen Schriften, 1545.

und beurteilen möchte. Sich als Werkzeug in den Dienst Gottes zu stellen und dabei die eigene Rolle als Urheber des Handelns nicht so wichtig zu nehmen, das ist die Folge der aktiven Rechtfertigung des Menschen durch Gott.

*

Sören Kierkegaard (1813–1855) bringt diese lutherische Grundeinsicht in einer Predigt zum Ausdruck, die den Titel trägt: *Das Erbauliche an dem Gedanken, vor Gott allezeit Unrecht zu haben*. Das Erbauliche liegt natürlich darin, im Unrecht auf Gottes Gnade angewiesen zu sein. Wer Recht behält, kann auf gnädige Zuwendung verzichten. Die Abhängigkeit von einem Anderen, die im irdischen Kontext eine Unfreiheit beinhaltet, die man abschütteln möchte, bedeutet im Verhältnis des Menschen zu Gott Freiheit, Nähe und eine enge Verbindung zur Quelle aller Lebendigkeit.

Wer sich von Gott unabhängig machen möchte, geht einen Weg in die Selbstisolation; wer erkennt, dass er Gott nötig hat, kann seine Unsicherheiten und das Versagen vor seinem Idealbild leichter verkraften.

Luther beschreibt die Haltung, die man zu Gott einnehmen muss, um ganz frei zu sein mit »Demut«. Der Demütige ist kein Kopfhänger und Leisetreter, sondern derjenige Mensch, der seine Selbstrechtfertigung gegen Gott aufgegeben hat: »Er kann selig werden.« (▷ KE 11, 126 f.)

*

Damit ist das zugrunde liegende Gerichtsbild vom anklagenden und richtenden Gott und dem sich rechtfertigender Menschen in seiner Bedeutung überwunden. Der Angeklagte kämpft nicht mehr zwanghaft um seine Selbstständigkeit und seinen rettenden Freispruch, vielmehr deckt er selbst seine Verfehlungen auf und klopft sich an die Brust angesichts der vielen unerreichten Lebensziele. Gott bzw. Christus übernimmt als Anwalt die Verteidigung und identifiziert sich mit dem Versagen des Delinquenten. Dieser gewinnt durch seinen Verzicht auf Rechtfertigung viel mehr als nur den Erlass der Schuld: Rechtfertigung aus Gnade ist nicht nur – immer wieder notwendige – Vergebung der Sünden. Seine Identität wird nun nicht mehr durch ihn selbst garantiert, sondern Christus wird seine Identität (vgl. Kapitel 12: Gewissen). Menschen überlassen es Gott, sie zu führen und an ein Ziel zu bringen, das sie weder kennen, noch erreichen könnten. Sie werden frei, auch vom eigenen beengenden Lebensplan.

*

Vor Gott recht behalten zu wollen, würde heißen, seine zuvorkommende Liebe auszuschlagen. Anstatt zu fragen, was der Mensch tun muss, um vor den kritischen Augen Gottes bestehen zu können und damit nie aus der Rolle des beschämten Angeklagten herauszukommen, fragt Luther, was es für das Leben der Gläubigen bedeutet, wenn sie sich ganz auf die Gnade und Liebe Gottes verlassen und Gott die Sorge um ihre Rechtfertigung überlassen. Dahinter steht die Erfahrung, dass derjenige, der sich um seiner selbst willen angenommen weiß, mit seinem Leben von selbst auf das Erfahrene antwortet, ohne wieder in die Rolle des verzweifelten Angeklagten zurückzufallen.

Die Ethik wird aus der Funktion eines mühsamen Heilsweges herausgenommen und rückt an eine ganz andere, aber nicht weniger wichtige Stelle. Das christliche Handeln wird nun verstanden als dankbare Antwort auf die zugesagte Rechtfertigung aus Gnade. Das gibt ihr eine größere Flexibilität, weil sie nun die Aufgabe, zwischen Gottes Geboten und den Bedingungen der Wirklichkeit zu vermitteln, in christlicher Freiheit ernst nehmen kann. Thema der Ethik ist damit die Gratwanderung zwischen berechtigter Inanspruchnahme und missbräuchlicher Überziehung der Freiheit.

*

Wirklichkeitsgemäßes Handeln steht in der Begrenzung durch unsere Geschöpflichkeit ... Unsere Verantwortung ist nicht eine unendliche, sondern eine begrenzte. Innerhalb dieser Grenze freilich umfasst sie das Ganze der Wirklichkeit. Nicht die Welt aus den Angeln zu heben, sondern an gegebenem Ort das im Blick auf die Wirklichkeit Notwendige zu tun, kann die Aufgabe sein. Es muss dabei auch die Frage nach den Möglichkeiten gestellt, es kann nicht immer sofort der letzte Schritt getan werden ...[3]

Mit diesen grundlegenden Bemerkungen zum verantwortlichen Handeln des Christen zeigt Dietrich Bonhoeffer, dass an das Handeln des Menschen nicht die letzte Entscheidung über das Wohl und Wehe der Welt gebunden ist. Auf der ethischen Entscheidung des Menschen lastet nicht das Schicksal der ganzen Welt, auch wenn es angesichts der von Menschen herbeigeführten Katastrophen so scheinen mag, als könne er sich selbst und der Natur Himmel oder Hölle bereiten. Der Christ sieht sein Han-

---

3 Dietrich Bonhoeffer, Ethik, Werke Bd. 6, hg. von E. Feil/C.J. Green/H.E. Tödt, I. Tödt, 3. Aufl., Gütersloh 2006, S. 267 ff.

deln eingebettet in das Handeln Gottes an der Schöpfung, der Rahmen der Ethik wird auf ein menschliches Maß verkleinert.

Es mag auf den ersten Blick wie die Flucht vor Verantwortung aussehen, wenn Christen die Entscheidung über Vernichtung oder Überleben letztlich nicht vom eigenen Tun erwarten. Die Einsicht in die Geschöpflichkeit und Begrenztheit des Menschen kann aber zu Entlastung und Entkrampfung beitragen und die notwendige Gelassenheit herbeiführen, die der Mensch braucht, um realistische Handlungsmöglichkeiten wahrzunehmen. Das Tun des Menschen hat keinen endgültigen, unumkehrbaren Charakter, denn Gott vergibt und kann jederzeit einen neuen Anfang schenken.

Damit wird menschliches Handeln nicht beliebig, aber es wird ein angstfreier Raum eröffnet, in dem vernünftige Abwägung in Freiheit und Selbstbestimmung möglich ist. Die Relativierung des Ethischen kommt der Vernunft zugute, die nur ohne Druck und Angst zu sachgerechten Lösungen kommen kann. Unser Handeln, so wird aus theologischen Erwägungen deutlich, kann von Menschen nie letztgültig gerechtfertigt oder verurteilt werden. Es bewegt sich immer im Raum des Vorläufigen, ohne deshalb beliebig zu sein. Die letzte Beurteilung muss der Mensch aus christlicher Sicht jedoch Gott überlassen und er kann dies auch getrost tun.

Im Neuen Testament wird klar herausgestellt, dass das Verhältnis eines Menschen zu Gott nicht vom richtigen Tun abhängt:

> So halten wir nun dafür, dass der Mensch gerecht wird ohne des Gesetzes Werke, allein durch den Glauben. *Röm 3,28*

*

Das christliche Handeln dient nicht der eigenen Rechtfertigung, sondern dem Wohl des Nächsten. Allerdings tritt in den verschiedenen Lebensbereichen des Berufes, der Gesellschaft oder des privaten Lebens das Problem auf herauszufinden, was dem Nächsten wirklich dient. Der spontane Impuls zur Nächstenliebe allein garantiert noch nicht, dass im richtig verstandenen Interesse des oder der Nächsten gehandelt wird. Ethisches Nachdenken bleibt also gefordert, weil untersucht werden muss, wie sich das Verhalten langfristig auswirkt. Die ethische Vernunft muss dem Christen helfen, die Situation richtig einzuschätzen und danach Handlungskonzepte zu entwickeln.

Die Rechtfertigungslehre mit ihrer negativen Einschätzung der menschlichen Fähigkeiten in ethischer Hinsicht macht deutlich, dass jedes

Handeln verstrickt ist in die unterschiedlichen Interessen und Konflikte zwischen Menschen, sodass kein umfassendes Grundkonzept einer moralischen Weltgestaltung denkbar ist. Jede Ethik, die auf der Rechtfertigungslehre aufbaut, muss daher bescheiden auftreten und auch der Erkenntnis Rechnung tragen, dass unserem Urteils- und Handlungsvermögen Grenzen gesetzt sind, die es uns unmöglich machen, die Folgen unseres Handeln wirklich zu übersehen.

Eine christliche Ethik wird also eher als Einzelfall-, Bereichs- oder Situationsethik auftreten, die sich nicht anmaßt, das Ganze im Blick zu haben und zu verantworten. Sie versucht stattdessen in einzelnen Lebensbereichen unter Einbeziehung der jeweiligen kulturellen und soziologischen Bedingungen zu ethischen Aussagen zu kommen.

Was nützt dem Nächsten wirklich? Diese Frage ist nur je für einen kleinen Bereich zu beantworten und die Antwort kann sich schnell wieder ändern, wenn die Rahmenbedingungen der Lebenskultur andere geworden sind. Auch ist damit zu rechnen, dass Christen Situationen unterschiedlich einschätzen und bewerten, sodass es auch unter Christen keine strenge Einheitlichkeit in ethischen Fragen geben kann.

*

Die Aufgabe christlicher Ethik besteht also darin, die spontanen Impulse christlicher Nächstenliebe und die daraus hervorgehenden Handlungsweisen daraufhin zu untersuchen, welche unausgesprochenen persönlichen Meinungen, Vorlieben und Erfahrungen ihnen zugrunde liegen. Das ist deshalb erforderlich, weil klar sein muss, dass ein Konflikt über die richtige Handlungsweise eben keine Glaubenssache im engeren Sinne ist. Der Glaube und das ihm zugesagte Heil steht mit dem Handeln nicht auf dem Spiel. Wir dürfen uns irren, aber wir sollten unsere Vernunft dafür einsetzen, das so selten wie möglich zu tun. Christen sollten leidenschaftlich über die »richtige« Handlungsweise streiten, aber sie dürfen nie vergessen, dass Gott zwischen Person und Handeln unterscheidet.

*

Reformatorische Ethik muss nach HELMUTH THIELICKE (1908–1986) grundsätzlich darauf verzichten, eindeutige Auskünfte darüber zu geben, was *christlich* ist. Das liegt vor allem daran, dass die klare »Zone der Gebote Gottes«, in der es auf Glauben und Gehorsam ankommt, in eine diffuse Zone übergeht, wo es auf das Verstehen der konkreten Wirklichkeit ankommt. In diesem Bereich ist auch der Christ auf Deutungen und damit auf Ermessensentscheidungen angewiesen, die naturgemäß unterschiedlich ausfallen. Christliche Ethik muss sich also damit begnügen, eine ungefähre »Fahrrinne« abzustecken, wobei die Gebote Gottes zur Orientierung dienen. Die Fahrrinne beinhaltet jedoch beträchtliche Toleranzen und wird nur dort von Warnzeichen begrenzt, wo die Grundorientierung verlassen würde. Um Untiefen gefahrlos zu umgehen, ist es erforderlich, das durchfahrene Gebiet genau zu kennen. Glaubensorientierung und Sachkenntnis müssen sich daher gegenseitig ergänzen (▷ KE 11, 130 f.).

Die Berufung des gerechtfertigten Christen zur Freiheit bedeutet in der Ethik nicht nur die Wahlmöglichkeit innerhalb vorgegebener Alternativen, sondern zielt darauf ab, dass der menschliche Geist mit all seiner Kreativität und Fantasie an der ethischen Entscheidungsfindung teilhat. Gehorsam gegenüber Gottes Gebot schließt eine eigenständige Deutung der ethischen Situation nicht aus, sondern im Gegenteil gerade ein.

Kapitel 12 | Gewissen

> Muss »schlechtes Gewissen« wirklich sein?
> Welche Erklärungen gibt es für seine Entstehung beim Menschen?
> Welche Maßstäbe hat das Gewissen zur Verfügung?
> Ist das Gewissen die Stimme Gottes?

FRIEDRICH NIETZSCHE (1844–1900) betrachtet das schlechte Gewissen als eine »tiefe Erkrankung«, die dort auftritt, wo der Mensch aus seinem freien Naturzustand herausgerissen und in die engen Fesseln der menschlichen Gesellschaft eingezwängt wird (▷ KE 12, 28). Dort entsteht das Gewissen als eine Art der Autoaggression, in der sich die natürlichen Instinkte und Aggressionen statt nach außen gegen den Menschen selbst richten.

Im ursprünglichen Zustand existiert keine Moral, denn alle Handlungsweisen, die sie verurteilt, sind Grundfunktionen des Verhaltens in der Natur. Zustände, in denen die Moral die Kontrolle übernimmt, um den Kampf aller gegen alle und das Sich-Durchsetzen des Stärkeren zu unterbinden, sind im Prinzip lebensfeindlich und können nicht lange bestehen.

Man kann aber beobachten, dass die Moral selbst zum Mittel der Durchsetzung der Benachteiligten wird. Der Schwächere versucht dem Starken ein schlechtes Gewissen einzureden, um ihn zu schwächen. Die Verhaltensweisen des Vitalen, Gesunden, Überlebenstüchtigen werden herabgesetzt und als moralisch minderwertig eingestuft. Die für Schwache notwendigen Verhaltensweisen des Mitleids und der sozialen Hilfe gelten als gut. Dies ist nichts anderes als der Versuch, die Schwäche zur Tugend umzulügen, als ob die Schwäche des Schwachen selbst – sein Wesen, sein Wirken, seine ganze einzige unvermeidliche, unablösbare Wirklichkeit – eine freiwillige Leistung, etwas Gewolltes, Gewähltes, eine Tat, ein Verdienst ist (▷ KE 12, 43 f.).

*

CHARLES DARWIN (1809–1882), der Vater der Evolutionstheorie, will nachweisen, dass das »moralische Gefühl« des Gewissens ebenso der natürlichen Entwicklung der Lebewesen entstammt wie alle anderen Eigenschaften des Menschen, die er wenigstens im Ansatz mit den Tieren gemeinsam hat. Seine Theorie zur Entstehung des Gewissens geht daher von den SOZIALEN INSTINKTEN aus, die den Menschen mit den Tieren verbindet.

Die Mutterliebe etwa oder die Solidarität im Rudel sind soziale Verhaltensweisen, die bei Mensch und Tier von Geburt an eingeprägt sind. Handelt ein Wesen gegen diesen Instinkt, so bleibt ein Gefühl von Nichtbefriedigung zurück, wie es bei allen Instinkten entsteht, die im Verhalten nicht zum Zuge kommen. Dieser Nachklang eines Handlungskonflikts ist die Grundlage des SCHLECHTEN GEWISSENS.

Beim Menschen kommt ein Zweites hinzu: Sein Verhalten ist in starkem Maße von Lernerfahrungen geprägt, die aus seiner sozialen Umwelt kommen. Welches Verhalten angemessen ist und welches nicht, lernt der Mensch ursprünglich durch Billigung oder Missbilligung seitens seiner Artgenossen. Er übernimmt auf diese Weise ein Moralsystem, das sich in der menschlichen Kulturgemeinschaft über lange Zeit entwickelt hat. In ihm sind die einfachen sozialen Instinkte verfeinert und den Notwendigkeiten der komplizierten menschlichen Gesellschaft angepasst. Und schließlich ist das soziale Gefühl des Menschen durch seine Eigenart bestimmt, im Verstand die Eindrücke der Vergangenheit und die Vorstellungen über die Zukunft besonders intensiv zu erleben, sodass er rückwärts und vorwärts schaut und ständig Vergleiche anstellt:

> Nachdem daher irgendeine temporäre Begierde oder Leidenschaft seine sozialen Instinkte gemeistert hat, wird er darüber reflektieren und den jetzt abgeschwächten Eindruck solcher vergangenen Antriebe mit dem beständig gegenwärtigen sozialen Instinkt vergleichen ... und dies ist Gewissen.[1]

*

SIGMUND FREUD (1856–1939) versucht mit seinem Instanzenmodell, den Aufbau und die Funktionsweise der menschlichen Psyche als Zusammenwirken verschiedener Teile in einem Gesamtsystem zu erklären (▷ KE 12, 29). Dabei repräsentiert das Es die natürlichen Antriebskräfte des Menschen, deren Ansprüche und Wünsche vom ICH mit der Realität vermittelt werden müssen. Als dritte Instanz dieses psychischen Apparats tritt das ÜBER-ICH hinzu, das vom Es geforderte Handlungen daraufhin überprüft, ob sie den sozialen Normen gerecht werden. Die Inhalte des Über-Ich werden im Erziehungsprozess von den Eltern übernommen, reichen aber über den persönlichen Einfluss von Vater und Mutter hinaus bis in die

---

1 Charles Darwin, Die Abstammung des Menschen und die geschlechtliche Zuchtwahl, 1871.

Familien-, Rassen- und Volkstradition sowie die von ihnen vertretenen Anforderungen des jeweiligen sozialen Milieus. Ebenso nimmt das Über-Ich im Laufe der individuellen Entwicklung Beiträge von Seiten späterer Fortsetzer und Ersatzpersonen der Eltern auf, wie Erzieher, öffentliche Vorbilder, in der Gesellschaft verehrte Ideale.[2]

Das Gewissen ist also zunächst nichts anderes als die Stimme der elterlichen Autorität und wird vom Kind auch so erlebt. Ihr zu folgen ist notwendig, um in der völligen Abhängigkeit des Kindes Liebesverlust und Strafe zu vermeiden. Das schlechte Gewissen resultiert auf dieser Stufe offenbar aus Angst vor dem Liebesverlust, es ist soziale Angst.

Auf einer weiteren Stufe der psychischen Entwicklung wird die Stimme der Autorität von ihren persönlichen Trägern, den Eltern und Erziehern, abgelöst und immer mehr zu einer eigenen inneren Instanz umgeformt. An die Stelle der Angst vor der Autorität tritt die Angst vor dem eigenen Über-Ich.

Freud weist darauf hin, dass diese Instanz so mächtig werden kann, dass auch der Triebverzicht nicht ausreicht, das quälende Schuldgefühl, das von ihr ausgeht, zu vermeiden. Auf diese Weise können psychische Erkrankungen, NEUROSEN, eintreten, weil das Ich nicht in der Lage ist, die überzogenen Ansprüche des Über-Ichs zu erfüllen.

*

Der Psychologe und Philosoph ERICH FROMM (1900–1980) unterscheidet zwischen dem autoritären und dem humanistischen Gewissen. Ersteres entspricht etwa dem, was Freud mit dem Über-Ich beschrieben hat; dies kann aber nur als Vorstufe zum voll entwickelten menschlichen Gewissen gelten, in dem Fromm die Stimme der Gesamtpersönlichkeit erblickt:

> Es ist die Re-Aktion unseres Selbst auf uns selbst. Es ist die Stimme unseres wahren Ich, die, die und mahnt, produktiv zu leben und uns voll und harmonisch zu entwickeln – das heißt, zu dem zu werden, was wir nach unseren Möglichkeiten sein könnten … Das humanistische Gewissen ist ein Ausdruck der Interessiertheit des Menschen an sich und an seiner Integrität. Das autoritäre Gewissen dagegen beschränkt sich auf den

---

2 Sigmund Freud, Abriß der Psychoanalyse, Frankfurt/M. 1972, S. 10 f.

Gehorsam des Menschen, auf seine Selbstaufopferung, seine Pflicht oder gesellschaftliche Anpassung.[3]

*

KONRAD LORENZ (1903–1989) sieht als Vertreter der Verhaltensforschung das Gewissen des Menschen als einen Regulationsmechanismus an, dessen Entwicklung und Verfeinerung nötig wurde, als durch die sprunghafte Höherentwicklung des menschlichen Geistes die angeborene Verhaltensregulation durch Triebe und Hemmungen nicht mehr ausreichte. Besonders die Entwicklung immer schlagkräftigerer Waffen machte es notwendig, die intraspezifische Aggression in stärkerer Weise zu dämpfen, um die Art nicht der Selbstausrottung preiszugeben. Hier entstand ein Selektionsdruck, der die Entwicklung des Regulativs GEWISSEN förderte. Der Ansatzpunkt dafür liegt nach Lorenz in der Fähigkeit des Menschen, die Folgen seiner Handlungen vorauszusehen.

Sein Schüler IRENÄUS EIBL-EIBESFELDT (*1928) sieht im Gewissen eine angeborene Gegebenheit menschlichen Daseins, deren inhaltliche Ausformung nicht erst durch Erziehungs- und Umweltfaktoren in Gang kommt, wie Freud meinte. Das sozial gebildete Über-Ich im Sinne Freuds kann jedoch daran anknüpfen und durch Übernahme von Normen und Verhaltensmustern aus der Umwelt das Leben des Menschen erleichtern.

*

Die Unterscheidung zwischen Gut und Böse ergibt aus naturwissenschaftlich-biologischer Sicht keinen Sinn. Egoistische Handlungen und Strategien unterscheiden sich von altruistischen Strategien nicht im Ziel – dem Arterhalt und der Weitergabe der Gene – sondern nur in den unmittelbaren Folgen für das Exemplar. Nur wenn man das Einzelexemplar betrachtet, gibt es das sogenannte Böse – als unmittelbar den eigenen Bedürfnissen dienend – und das sogenannte Gute: das, was als »Mutterliebe«, »Helfer am Nest« oder »soziales Heldentum« der Gen-Gemeinschaft dient und die Interessen des Einzelexemplars zurückstellt. Aus biologischer Sicht sind beides nur statistisch verteilte Varianten von arterhaltendem Verhalten. In der Natur haben die Begriffe »gut« und »böse« also keine Entsprechung.

Der Ethologe WOLFGANG WICKLER (*1931) zieht aus diesen biologischen Betrachtungen theologische Schlüsse, wenn er unterstellt, die oben beschriebene Ordnung der Natur sei die gute Schöpfung Gottes und der

---

3   E. Fromm, Psychoanalyse und Ethik, Zürich 1954, S. 173.

Mensch täte gut daran, sie auch für sich zu akzeptieren, statt »besser« als die Natur sein zu wollen (▷ KE 12, 16 f.).

Das Argument, die menschliche Unterscheidung von Gut und Böse laufe auf eine der Natur fremde und daher illusionäre Moral hinaus, findet sich nicht erst bei Verhaltensforschern des 20. Jahrhundert, sondern hat in der Philosophiegeschichte prominente Vorläufer (zum Beispiel FRIEDRICH NIETZSCHE).

*

Eine ganz andere Linie der Betrachtung und Bewertung des menschlichen Gewissens begründet sich von der Philosophie IMMANUEL KANTS (1724–1804) her (▷ KE 12, 28). Er sieht im Gewissen einen inneren Gerichtshof im Menschen, der die Handlungen mit unerbittlicher Genauigkeit, Prinzipientreue und Vernünftigkeit untersucht. Jeder Mensch verfügt über diese Instanz, die sich als die Stimme der allgemeinen Vernunft in ihm meldet, auch wenn er versucht sie zu unterdrücken. Der Richter dieses Gerichtshofes kennt alle inneren Motive und ist durch nichts hinters Licht zu führen. Erst durch diese Instanz wird ein Mensch zu einem moralischen Wesen mit der Würde eines sittlichen Subjekts.

*

Die KATHOLISCHE MORALTHEOLOGIE geht davon aus, dass der Mensch die Stimme seines Gewissens als fremde Stimme erlebt, die seine Pläne und Interessen streng danach beurteilt, ob sie zum Tun des Guten und Unterlassen des Bösen beitragen. Im Gewissen spricht also nicht der Mensch selbst, sondern er erfährt eine Leitung von außen, der er nachkommen soll, aber nicht muss. Das II. Vatikanische Konzil erklärt dazu:

> Das Gewissen ist die verborgenste Mitte und das Heiligtum im Menschen, wo er allein ist mit Gott, dessen Stimme in diesem seinem Innersten zu hören ist. Im Gewissen erkennt man in wunderbarer Weise jenes Gesetz, das in der Liebe zu Gott und zum Nächsten seine Erfüllung hat?[4]

*

Die katholische Lehre sieht im Gewissen eine Instanz des menschlichen Geistes, die in der Lage ist, alle wichtigen göttlichen Gebote, wie auch

---

[4] Karl Rahner/Herbert Vorgrimler, Kleines Konzilskompendium, 22. Aufl., Freiburg 1990, S. 462.

alle Verhaltensregeln, die aus der Beobachtung der Natur als Schöpfung Gottes folgen, in sich aufzunehmen. Diese Normen werden aber nicht nur als ein Wissen gespeichert, sie wirken in dieser Instanz auch als steuernde Impulse, die den Menschen binden wollen. Natürlich kann es in dieser »Schaltzentrale« auch zu Fehlern kommen:

> Nicht selten jedoch geschieht es, dass das Gewissen aus unüberwindlicher Unkenntnis irrt, ohne dass es dadurch seine Würde verliert. Das kann man aber nicht sagen, wenn der Mensch sich zu wenig darum bemüht, nach dem Wahren und Guten zu suchen, und das Gewissen durch Gewöhnung an die Sünde allmählich fast blind wird.[5]

Der Einfluss von Angeborenem und in der sozialen Wirklichkeit Erlerntem wird nicht geleugnet, vielmehr vertraut diese Auffassung vom Gewissen darauf, dass sich jeder Mensch durch seine Begabung mit Vernunft und Freiheit das Übernommene verantwortlich aneignet. Doch selbst wenn der Mensch durch Manipulation oder Irrtum in seinem Gewissen fehlgeleitet wird, muss er ihm Folge leisten, denn es kann durch keine äußere Instanz ersetzt werden.

Auf Grund dieser hohen Bedeutsamkeit des menschlichen Gewissens äußerten sich die Bischöfe im II. Vatikanischen Konzil auch positiv zur RELIGIONS- UND GEWISSENSFREIHEIT:

> Nur frei kann der Mensch sich zum Guten hinwenden. Und diese Freiheit schätzen unsere Zeitgenossen hoch und erstreben sie leidenschaftlich. Mit Recht. Oft jedoch vertreten sie sie in verkehrter Weise, als Berechtigung, alles zu tun, wenn es nur gefällt, auch das Böse. Die wahre Freiheit aber ist ein erhabenes Kennzeichen des Bildes Gottes im Menschen (…) Die Würde des Menschen verlangt daher, dass er in bewusster und freier Wahl handle, das heißt personal, von innen her bewegt und geführt und nicht unter blindem innerem Drang oder unter bloßem äußerem Zwang.[6]

*

Mit Immanuel Kant und Erich Fromm ist auch Dietrich Bonhoeffer der Meinung, dass das Gewissen »der sich zu Gehör bringende Ruf der menschlichen Existenz zur Einheit mit sich selbst« sei (▷ KE 12, 32). In

---
5   Ebd., S. 463.
6   Ebd., S. 662.

der inneren Auseinandersetzung, die das Gewissen hervorruft, geht es darum, dass der Mensch sich selbst rechtfertigt (vgl. Kapitel 11: Rechtfertigung und Ethik).

> So hat der Gewissensruf seinen Ursprung und sein Ziel in der Autonomie des eigenen Ich.[7]

Daher weist Bonhoeffer darauf hin, dass derjenige, der seinem Gewissen rigoros folgt, nicht unbedingt auf dem Weg zu Gott sein muss, denn im Gewissen versucht der Mensch, Recht zu behalten und fehlerlos zu bleiben. Der Weg in den Glauben eröffnet hier eine neue Perspektive: Wer darauf vertraut, dass Christus unser Gewissen übernimmt und uns rechtfertigt, der kann auch – wie Christus – zum Durchbrecher des Gesetzes und des Gewissens werden. Dietrich Bonhoeffer möchte mit diesem Gedanken nicht das christliche Gewissen von den Geboten Gottes abkoppeln, aber für Notsituationen gilt:

> Das befreite Gewissen ist nicht ängstlich, wie das an das Gesetz gebundene, sondern weit geöffnet für den Nächsten und seine konkrete Not.[8]

Damit geht Bonhoeffer ein deutliches Stück über Kant hinaus, dessen ausnahmslose Bindung des Gewissens an die Vernunft ihm, Bonhoeffer, als eine »zum frevelhaften Übermut gesteigerte Selbstgerechtigkeit« vorkommt. Das von Christus befreite Gewissen ist auch bereit, Schuld (und Strafe) auf sich zu nehmen und sich nicht hinter den allgemein gültigen Gesetzen zu verstecken, wenn die Situation und die Nächstenliebe solches von ihm fordert.

*

Die protestantische Auffassung vom Gewissen leitet sich von Martin Luther her, der im Gewissen den Ort sieht, an dem das unruhige, sich sorgende Ich vom Wort Gottes getröstet und aufgerichtet werden kann. Im Gewissen findet die innigste Zwiesprache zwischen Gott und dem

---

7 Dietrich Bonhoeffer, Ethik, Werke Bd. 6, hg. von E. Feil/C.J. Green/H.E. Tödt, I. Tödt, 3. Aufl., Gütersloh 2006, S. 104.
8 Dietrich Bonhoeffer, Ethik, Werke Bd. 6, hg. von E. Feil/C.J. Green/H.E. Tödt, I. Tödt, 3. Aufl., Gütersloh 2006, S. 105.

Menschen statt und es soll daher von außen mit größter Zurückhaltung und Vorsicht behandelt werden.

Im Zustand des gequälten Gewissen neigt der Mensch zur Selbstverurteilung; nicht nur sein Handeln, auch seine Person erscheint ihm wertlos. Es besteht die Gefahr, dass diese Selbstverurteilung für ein Urteil Gottes gehalten wird. Damit würde das Gewissen den Urteilsspruch Gottes eigenmächtig vorwegnehmen (▷ KE 12, 25 und 34).

Im Glauben an die Gnade Gottes in Jesus Christus fühlt der Mensch jedoch, wie Gott ihm die Last von der Schulter nimmt und ihn – trotz seiner Sünde– rechtfertigt. Luther fordert deshalb:

> Du musst nicht deinem Gewissen und Gefühl mehr glauben, als dem Wort, das vom Herrn verkündigt wird, der die Sünder aufnimmt …, weil du so mit dem Gewissen streiten kannst, dass du sagst: Du lügst, Christus hat recht, nicht du![9]

---

[9] Zitiert im Thesenpapier Nr. 59 der EKD, http://www.ekd.de/themen/44733.html.

Kapitel 13 | Ethische Grundbegriffe

> Was ist Ethik?
> Was ist das Gute?
> Soll man die Moral der anderen übernehmen?
> Kann man das Gute aus der Natur ableiten?
> Sind Normen rational begründbar?
> Das Gute finden durch Sachlichkeit?
> Warum überhaupt moralisch sein?

»Ethik« (von griech. *ethos* = Sitte, Gewohnheit) bezeichnet im weitesten Sinne alles Nachdenken über das menschliche Verhalten. Die Notwendigkeit zur ethischen Reflexion entsteht aus der menschlichen Grunderfahrung, dass das Leben des Individuums oder der Gemeinschaft gelingen oder – verursacht durch falsches Verhalten – misslingen kann. Ethik stellt also die Frage, welche Position Menschen durch ihr Handeln in ihrer Lebenswirklichkeit einnehmen sollen, an welchen Zielen und Werten sie sich orientieren sollen, damit ihr Leben gelingen kann.

Ethik als Wissenschaft geht von diesem Grundbedürfnis des handelnden Menschen nach Selbstvergewisserung und Rechtfertigung aus und versucht, über sinnvolle Möglichkeiten und Ziele menschlichen Handelns allgemein Gewissheit zu erlangen. Sie zielt dabei auf eine umfassende rational begründete Theorie menschlicher Lebensführung.

*

Als systematisch betriebene Wissenschaft wendet sich Ethik heute drei Aufgabenfeldern zu:

EMPIRISCH-DESKRIPTIVE ETHIK: Dieser Zweig, der zur Ethnologie (von griech. *ethnos* = das Volk), also Völkerkunde, bzw. zur deskriptiven (beschreibenden) Anthropologie gehört, hat es sich zur Aufgabe gemacht, die Sitten, Gewohnheiten, Werte und moralischen Vorstellungen verschiedener Völker und Kulturen wertfrei festzuhalten, zu vergleichen und zu klassifizieren. Diese Disziplin nimmt selbst keine Begründungen und Bewertungen vor, sondern liefert Anschauungs- und Vergleichsmaterial für die philosophische Reflexion. Ihr Forschungsgegenstand ist die in einer gesellschaftlichen Gruppe GÜLTIGE MORAL (auch: *Ethos*).

NORMATIVE ETHIK: Diese philosophische Disziplin hat zum Ziel, Kriterien zu entwickeln, die eine begründete Unterscheidung von sittlich gutem und sittlich schlechtem (= bösem) Handeln zulassen. Ihre Vertreter erarbeiten SYSTEME VON WERTEN, PFLICHTEN UND HANDLUNGSZIELEN, die verbindliche Anleitungen zum praktischen Handeln in konkreten Situationen geben sollen. Dabei setzen sie sich mit anderen Argumentationen der Gegenwart und der Geschichte kritisch auseinander, um zu einer plausiblen, abgewogenen Lösung ethischer Fragen und Konflikte zu gelangen.

METAETHIK: Der jüngste Zweig philosophischer Ethik lässt sich nicht auf ein bestimmtes ethisches Begründungssystem festlegen, sondern widmet sich stattdessen den vorausliegenden GRUNDFRAGEN DER ETHIK. Unabhängig von konkreten Moralvorstellungen geht es hier um das Problem, ob und wie Normen überhaupt logisch schlüssig begründet werden können und welche methodischen Wege dabei einzuschlagen sind. Die Metaethik analysiert und korrigiert also die Verfahrensweisen normativer Ethik und arbeitet die Grundprämissen heraus, die in der philosophischen Ethik beachtet werden müssen.

*

Charakteristisch für die normative Ethik ist, dass sie zu allgemeinen Urteilen (Normen) kommt, die bestimmte Handlungsweisen oder Werte für GUT, d. h. für wertvoll und unbedingt anzustreben erklären, andere dagegen für BÖSE, d. h. für wertlos und auf jeden Fall zu vermeiden.

Hat es die Logik mit der Unterscheidung von richtig und falsch zu tun, so gilt für die Ethik der moralische Gegensatz von gut und böse. Davon zu unterscheiden ist der außermoralische Gegensatz von gut und schlecht; durch ihn wird bewertet, was in einer bestimmten Hinsicht für eine Person oder Sache nützlich, förderlich und hilfreich ist. Dabei spielen ethische Gesichtspunkte zunächst keine Rolle. Dass aber auch solche außermoralischen Werte wie Gesundheit, Lust, Reichtum für die Ethik bedeutsam sein können, hängt damit zusammen, dass Handlungen ethisch danach bewertet werden können, inwieweit sie zur Erlangung solcher Güter führen.

Was immer in einer Situation als das Gute erkannt wird, es vermittelt etwas Verpflichtendes, das den Menschen zur unmittelbaren Verwirklichung drängt. Die moralische Erkenntnis des Guten hat im Gegensatz zur rein intellektuellen Erkenntnis des Richtigen einen unbedingt fordernden, imperativischen Charakter. Das Gute ist das, was unter allen Umständen getan werden muss.

Normative Ethik als Wissenschaft vom guten Handeln bezieht sich mit moralischen VERPFLICHTUNGSURTEILEN (z. B. *Du sollst nicht töten!*) und moralischen WERTURTEILEN (z. B. *In der Not zu helfen ist gut.*) auf einen absoluten Maßstab. Sie muss voraussetzen, dass die grundlegende Gleichheit aller Menschen es zulässt, allgemeine Gesetze des Guten zu finden, die ausnahmslos gültig sind.

Der ETHISCHE RELATIVISMUS bezweifelt dies und behauptet, dass das sittlich Gute immer nur auf einen bestimmten Kulturkreis bezogen in einer konkreten geschichtlichen, gesellschaftlichen oder persönlichen Situation (Situationsethik) auffindbar ist.

*

Das Moralische versteht sich von selbst, so heißt es. Die relative Berechtigung dieser Feststellung hängt damit zusammen, dass jeder Mensch in eine Gesellschaft hineingeboren und in ihr erzogen wird und auf diese Weise ein System von Normen und moralischen Wertvorstellungen als selbstverständlich übernimmt.

Anthropologen weisen darauf hin, dass der Mensch als instinktarmes Wesen sein Verhalten selbst steuern und kontrollieren muss. Als Einzelner wäre er aber gar nicht in der Lage, jede seiner Handlungen neu zu bestimmen. Daher braucht er die Gemeinschaft und ihre orientierenden Vorgaben, die ihn vom Stress der Unsicherheit und des permanenten Entscheidungszwangs entlasten. Als soziales Wesen übernimmt er gesellschaftlich definierte ROLLEN, die ihm verlässliche Verhaltensmuster je nach gesellschaftlicher Stellung und Funktion vorgeben.

Insofern jeder Mensch auch in moralischer Hinsicht durch seine Gesellschaft geprägt ist, kann er ganz selbstverständlich auf eine moralische Orientierung zurückgreifen. Andererseits wäre es sehr fragwürdig, die bewusste Anpassung an die gesellschaftlichen Verhaltensmuster grundsätzlich für moralisch gut zu erklären. Im Prozess seiner Sozialisation muss der Einzelne sich mit den moralischen Vorstellungen seiner Umgebung auseinandersetzen und für sich die Frage nach dem Guten stellen, denn die moralischen Normen einer Gesellschaft können fragwürdig sein.

Wo der Einzelne aus der Selbstverständlichkeit heraustritt und die Normen seiner Umgebung kritisiert, braucht er eine für sich und andere plausible Begründung.

In den meisten Fällen leiten Menschen ihr Recht auf Widerstand gegen gesellschaftlich praktiziertes Unrecht aus der Überzeugung ab, dass für alle Menschen Grundregeln gelten, die aus ihrer Wesensnatur folgen und in jedem gesellschaftlichen Normensystem berücksichtigt werden müssen. Dem positiven, geltenden Recht der Gemeinschaft (RECHTSPOSITIVISMUS) wird ein allgemein gültiges Naturrecht gegenübergestellt.

*

Dass es Unrecht ist, Menschen wegen ihrer Rasse, ihres Geschlechts, ihrer Religion oder Überzeugung zu benachteiligen oder zu verfolgen, zu foltern und zu töten oder Hilfsbedürftigen ohne Not die Unterstützung zu verweigern, erscheint so einleuchtend, dass es keiner weiteren komplizierten Begründung bedarf. Wo Würde und Grundrechte des Menschen verletzt werden, kann das durch kein positives Recht überdeckt werden. Das Naturrecht erkennt demgegenüber Rechte, die jedem Menschen einfach aufgrund seiner Zugehörigkeit zur menschlichen Art zustehen und verlangt, dass sie über dem Recht der einzelnen Staaten stehen.

In vielen Diskussionen zwischen Vertretern verschiedener Staaten und Kulturen zeigt sich jedoch, dass die Vorstellungen darüber, worin die Rechte des Menschen konkret bestehen, weit auseinander gehen. Die Schwierigkeit, in die man gerät, wenn man versucht, moralisches Verhalten aus der Natur des Menschen zu begründen, liegt in der Offenheit und Vielgestaltigkeit des menschlichen Wesens. Zugespitzt könnte man sagen, dass es gerade die Natur des Menschen ausmacht, auf keine einheitliche Wesensnatur festgelegt zu sein. Was unmenschlich und menschenunwürdig ist, wird daher in verschiedenen Kulturen und Gesellschaften verschieden bestimmt werden. Das macht die Einigung auf weltweit gültige Menschenrechte zu einem schwierigen Prozess.

*

Manche Gegner einer naturrechtlichen Normbegründung setzen noch grundsätzlicher an. Sie geben zu bedenken, dass die Feststellung der Natur des Menschen immer auf der Ebene der Beschreibung von Tatsachen liegen muss. Von der Feststellung dessen, WAS IST, kann man aber auf logischem Wege niemals zu Aussagen darüber kommen, WAS SEIN SOLL. Normen sind Sollens-Sätze, und ob etwas so sein soll, wie es ist oder gerade nicht, lässt sich aus der Beobachtung der Fakten allein nicht erkennen. Um zu einem moralischen Urteil zu gelangen, muss ein Element dazu treten, das eine Richtung, ein Streben oder eine Verpflichtung angibt, die nicht aus bloßen Tatsachen zu erheben sind.

Die natürliche Anlage legt den Menschen noch keineswegs fest, da er zur freien und verantwortlichen Gestaltung seiner natürlichen Möglichkeiten aufgerufen ist. Ein Rückgriff auf die Natur kann ihm die Freiheit und Verantwortung für sein Verhalten nicht abnehmen. Tatsachen sind in moralischer Hinsicht uneindeutig. Allein der Hinweis auf ein »naturgemäßes Verhalten« kann keine ausreichende Rechtfertigung für eine moralische Entscheidung sein.

*

Wenn der Rückgriff auf die Natur des Menschen der normativen Ethik noch kein sicheres Fundament verschaffen kann, fragt sich, wie überhaupt Normen verbindlich begründet werden können.

Denkt man an die Zehn Gebote (vgl. Kapitel 15), so beinhaltet die Präambel zu diesem grundlegenden ethischen Text eine Begründung, die auf Gott als Gesetzgeber hinweist. Normen können also mit dem Argument begründet werden, sie entsprächen dem Willen Gottes. Wer diese Autorität anerkennt, für den sind auch die in seinem Namen verkündeten Gebote verbindlich. Der Nachteil dieser Normbegründung durch Autorität besteht darin, dass dabei nicht in erster Linie auf Einsicht und Vernunft gesetzt wird, sondern auf Macht. Die Forderung, sich einem fremden Gesetz zu unterwerfen (HETERONOMIE), ohne sich selbst durch Vernunft von der Richtigkeit der Gebote überzeugt zu haben, scheint die Würde des Menschen als einsichtsfähiges, moralisches Wesen zu verletzen und ihn unfrei zu machen.

Eine andere Art Normen zu begründen kann man darin sehen, dass auf die nützlichen Folgen einer gebotenen Handlungsweise hingewiesen wird. Etwas wäre dann moralisch gut, wenn es außermoralische Güter wie Glück, Wohlbefinden etc. befördert (EUDÄMONISMUS). Diese Normbegründung ist einleuchtend, erzeugt aber auch viele Probleme: Genügt es die nützlichen Folgen anzustreben oder müssen sie auch erreicht werden (Gesinnung – Verantwortung)? Wie sollen Konfliktfälle entschieden werden, in denen das Glück des einen für einen anderen Unglück bringt?

Eine ganz andere Art der Normbegründung verzichtet darauf, die – erwarteten oder tatsächlichen – Folgen des Handelns zu untersuchen (Konsequenzialismus, teleologische Normbegründung) und nimmt stattdessen die Handlungsweise selbst in näheren Augenschein. Sie fragt danach, ob diese Handlungsweise gerecht genannt werden kann, weil alles, was als gerecht und gut erkannt ist, auch getan werden muss. Die Begründung einer Norm folgt dann aus der Einsicht in ihre Gerechtigkeit. (▷ KE 10,127)

*

Der Satz Platos (427–347 v. Chr.), das Gute sei nur durch seine Gutheit gut, erscheint zunächst als unsinnige Verdopplung, er weist aber nachdrücklich darauf hin, dass das Gute nicht durch etwas anderes ersetzt oder ausgedrückt werden kann. Man hat daher vor dem logischen Fehlschluss gewarnt, der stets auftritt, sobald das Gute mit irgendetwas anderem identifiziert wird, etwa mit der Naturgemäßheit, dem Gemeinwohl, dem ALTRUISMUS (= Selbstlosigkeit, Uneigennützigkeit), dem Lustgewinn usw. Für jede dieser Definitionen des Guten lassen sich Situationen denken, in denen der gewählte Inhalt gerade nicht gut ist und ein anderer Gesichtspunkt den Vorrang erhalten muss.

Der Fehlschluss besteht darin, irgendeinen letztlich relativen Inhalt an die Stelle des Guten zu setzen. Das ist nicht möglich, weil das Gute ein absoluter Gesichtspunkt ist, der nicht zu anderen Aspekten hinzukommt, sondern in nichts anderem besteht als in der richtigen Ordnung der Sachgesichtspunkte. Gut ist eine Handlungsweise dann, wenn sie alle in Frage stehenden Gesichtspunkte und Interessen in die richtige, der Sache angemessene Rangfolge bringt. Dies ist zwar eine rein formale Definition, aber es zeigt sich, dass das Gute, also das, was immer unbedingt zu tun ist, nie anders festgelegt werden kann. Das Gute besteht letztlich darin, der Wirklichkeit der jeweiligen Situation gerecht zu werden.

*

Das scheint aber nur dann möglich zu sein, wenn es gelingt, die jeweilige Situation so objektiv und sachkundig wie möglich zu betrachten. Erste Bedingung zu einer moralischen Urteilsfindung ist daher das Bemühen, die Situation zu überschauen, Kenntnisse über die relevanten Faktoren zu gewinnen und Handlungsalternativen zu erkennen. Viele moralische Probleme würden sich bei genauerer Kenntnis der Sachlage als leicht entscheidbar herausstellen.

Größtes Hindernis zur objektiven Einschätzung einer Situation ist – neben mangelnder Sachkompetenz – das Eigeninteresse des Handelnden. Der Egoismus trübt den klaren Blick für das gebotene Gute. Die deutliche Erkenntnis des Guten setzt voraus, dass der handelnde Mensch die Verzerrung seiner Wahrnehmung durch eigene Interessen ausschalten kann, um die Wirklichkeit distanziert und neutral zu betrachten.

Um zu einem begründeten ethischen Urteil zu gelangen, ist es hilfreich, eine Reihe von Schritten zu vollziehen, die an das Problem heranführen:

Zunächst ist das Problem auf einer allgemeineren Ebene zu untersuchen. Um welchen Konflikt geht es? Ein zweiter Schritt fordert, alle begleitenden Umstände zu betrachten. In einem dritten Schritt sollten alle sich bietenden Handlungsalternativen und ihre möglichen Folgen in Betracht gezogen werden. Danach gilt es zu fragen, welche Werte und Leitlinien des Handelns hier zur Entscheidung herangezogen werden sollen. Insbesondere ist zu prüfen, welche Prioritäten bei Normkonflikten verantwortet werden können. Erst der letzte Schritt sollte die persönliche Entscheidung sein. Aber auch damit ist die Urteilsfindung nicht für alle Zeit abgeschlossen. In einem vielleicht nur geringfügig anderen Fall muss neu nachgedacht werden, um die eigene Verantwortung wirklich wahrzunehmen. (▷ KE 10,126)

*

Dieser lange Weg zu verantwortlichem Handeln setzt voraus, dass ein Mensch sich in einer unübersichtlichen, aber bedeutungsvollen Entscheidungssituation befindet und nach einem Ausweg sucht. In den meisten Fällen werden ethische Entscheidungen aber ohne lange Überlegung, sozusagen aus dem Gefühl heraus entschieden, weil eine unhinterfragte Alltagsethik für die meisten Situationen gangbare Lösungen bereithält. Zur ethischen Reflexion kommt es erst, wenn eine Entscheidung zwischen verschiedenen Verhaltensmodellen notwendig wird. Nur sehr selten entstehen Situationen, die einen tragischen Konflikt beinhalten, bei dem die Betroffenen Handlungsalternativen abwägen müssen, die in jedem Fall zu Schuldgefühlen und großer seelischer Belastung führen. Konflikte dieser Art werden meist auch zum Gegenstand breiter gesellschaftlicher Diskussionen. Auch durch rechtliche Rahmensetzungen wird versucht, dem Einzelnen die Entscheidung zu erleichtern und Wege aufzuzeigen (z. B. bei Abtreibung, Sterbehilfe, Organspende etc.). Hier kann wissenschaftliche Ethik ein wichtiger und hilfreicher Ratgeber für die Politik, aber auch für jeden Einzelnen sein.

*

Unbeantwortbar bleibt allerdings die Frage, warum sich ein Mensch überhaupt moralisch verhalten soll. Selbst wenn es gelingt, rational von der Notwendigkeit moralischen Verhaltens zu überzeugen, so kann niemand gegen seinen Willen dazu gezwungen werden, seiner rationalen Einsicht auch zu folgen. Eine zwingende außermoralische Rechtfertigung moralischen Verhaltens gibt es nicht, weil Moral im Einzelfall immer außermoralische Nachteile bringen kann.

Jede Teilnahme am Leben der Gesellschaft setzt jedoch ein Minimum an Moral und Rationalität als allgemein akzeptiert voraus. Kommunikation mit anderen Menschen ist sinnvollerweise nur möglich, wenn bestimmte Regeln eingehalten werden. Z. B. belügt man weder sich selbst noch die anderen grundsätzlich. Man darf überzeugend begründete Argumente nicht deshalb zurückweisen, weil sie den eigenen Standpunkt schwächen usw. Wer solche Regeln nicht zu akzeptieren bereit ist, schließt sich selbst aus der Gemeinschaft aus und muss hinnehmen, dass die Gesellschaft ihr moralisches Recht, von allen Mitgliedern ein entsprechendes Verhalten zu verlangen, notfalls auch durchsetzen wird.

Kapitel 14 | Philosophische Ethik

> Muss man immer seine Pflicht tun?
> Reicht der gute Wille?
> Ist der Gute am Ende der Dumme?
> Heiligt der Zweck die Mittel?

IMMANUEL KANT (1724–1804) gilt als der PHILOSOPH DES PROTESTANTISMUS und – was seine Ethik betrifft – als philosophischer Begründer des PREUSSISCHEN BEAMTEN- UND OFFIZIERSETHOS. Aus seinen Schriften wurde eine Moral abgeleitet, deren Ideale – wie unbedingte Pflichterfüllung, absolute Unbestechlichkeit und freiwilliges Zurückstellen persönlicher Interessen hinter das Gemeinwohl – das Selbstbild des loyalen Staatsdieners formten. Charakteristisch für die ethische Position Kants ist auch die nahezu völlige Ausblendung von Gefühlen als Handlungsmotivation. Der Aufklärer Kant betreibt Ethik als rationale Wissenschaft, die allgemein gültig herausfinden soll, nach welchen Regeln ein durch seine kühle Vernunft geleitetes Wesen handeln muss.

*

Die Ethik Kants beschreibt eine KOPERNIKANISCHE WENDE in dem Sinn, dass Kant die ethische Orientierung am guten Leben und der Glückseligkeit, wie sie die philosophische Ethik seit der Antike bestimmt hat, radikal ablehnt. Seine Überprüfung all dieser Ansätze ergibt, dass ihre Normen nur dann als verpflichtend anerkannt werden müssen, wenn man bereit ist, die Voraussetzungen, nämlich die jeweilige Auffassung von Glück und gutem Leben, zu teilen. Darin sind sich aber schon die Philosophen untereinander nicht einig. Tatsächlich kann die Meinung darüber, was das Lebensglück ausmacht, bei den Menschen sehr verschieden ausfallen, denn – so stellt Kant in der *Kritik der praktischen Vernunft* fest – es kann »von keiner Vorstellung irgendeines Gegenstandes, welche sie auch sei, a priori erkannt werden, ob sie mit Lust oder Unlust verbunden« ist. Dies kann nur durch Erfahrungen geprüft werden, die naturgemäß unterschiedlich ausfallen.

Normen lassen sich so immer nur in der Form von HYPOTHETISCHEN IMPERATIVEN formulieren, z. B. »Wenn du lange gesund leben möchtest, dann solltest du nicht rauchen!« Die imperativische Norm *(nicht rauchen)* wird von einer hypothetischen Voraussetzung *(langes gesundes Leben)* abgeleitet. Diese Hypothese, die auf das Ziel »Glück« ausgerichtet ist, muss aber nicht notwendig akzeptiert werden und so bleiben alle Normen dieser Bauart letztlich unverbindliche Klugheitsregeln und weit entfernt von den absoluten Gesetzen sittlichen Sollens. Als Fundament einer allgemein verbindlichen normativen Ethik ist daher der eudämonistische Ansatz (dessen Ziel die gelingende Lebensführung ist) untauglich.

*

Der Ausgangspunkt für Kants Ethik ist im Gegensatz zum Glücksstreben das innere Erlebnis von Freiheit und unbedingtem sittlichen Sollen, das alle Menschen verbindet:

> Zwei Dinge erfüllen das Gemüt mit immer neuer und zunehmender Bewunderung und Ehrfurcht, je öfter und anhaltender sich das Nachdenken damit beschäftigt: Der bestirnte Himmel über mir, und das moralische Gesetz in mir.[1]

Kants Ethik beginnt also nicht mit der Frage, was man in sittlicher Hinsicht tun oder unterlassen soll, sondern mit der staunenden Feststellung, dass der Mensch wesentlich sittliches, d.h. FREIES SUBJEKT ist und sich einem inneren Gesetz gegenüber sieht, das von ihm KATEGORISCH (= unbedingt gebietend) ein bestimmtes Handeln verlangt. Diese Grundsituation, die den Menschen ausmacht, untersucht Kant in seiner Ethik in verschiedener Hinsicht. Das, was dem Menschen in einer Situation als das absolut Gebotene erscheint, nennt Kant die PFLICHT. Die Würde des Menschen besteht darin, durch seine Vernunft diese Pflicht erkennen und danach handeln zu können. Die Pflicht ist der menschlichen Vernunft EVIDENT (= unmittelbar einleuchtend).

Auch wenn ihr andere Triebkräfte entgegenstehen, ist der Mensch als sittliches Subjekt in der Lage, nach der erkannten Pflicht zu handeln: »Du kannst, denn du sollst!«

Gefühle und Triebe – die Neigungen – spielen als Handlungsmotive eine wichtige Rolle und sie sollen auch zur Verwirklichung gelangen, denn sie sind für die Erhaltung des Lebens von großer Bedeutung. Im Konflikt mit der Vernunft treten sie jedoch zurück.

*

---

1 Immanuel Kant, Kritik der reinen Vernunft, 1787.

Das Menschenbild des Aufklärers Kant erklärt den Menschen für würdig und frei, weil er vernünftig ist. Das Streben nach Glück und Triebbefriedigung muss dem nicht widersprechen; wo aber die Vernunft anderes gebietet als das Streben nach Lust, muss sie die Oberhand behalten, denn der Mensch ist seiner Sinnlichkeit nicht einfach unterworfen. Der autonome Mensch kann und soll seine Begierden beherrschen, ohne deshalb in Askese zu verfallen.

Einem Menschen, der ganz an seiner Sinnlichkeit orientiert ist, könnte die Pflicht als von außen aufgezwungen erscheinen. Ein solcher Mensch, der die Pflicht als fremde, störende Kraft erfährt, wäre nach Kant von sich selbst entfremdet, denn nirgends – schon gar nicht im Tierisch-Sinnlichen – ist der Mensch so bei sich selbst wie in seiner Vernunft.

Diese weitgehende Identifizierung des Menschen mit seiner Fähigkeit zur Vernunft ist häufig als Vereinseitigung des Menschenbildes kritisiert worden. Widerspruch regte sich schon bei den Kant-Bewunderern Goethe und Schiller, denn deren humanistisches Ideal strebte gerade zu einem harmonischen Gleichgewicht von Gefühl und Verstand, das durch Bildung und Kunst zu erreichen sei.

*

In Kants DEONTOLOGISCHER THEORIE (griech. *deon* = Pflicht) werden Handlungen als moralisch gut bewertet, wenn sie einer für jedermann nachvollziehbaren sittlichen Verpflichtung nachkommen, z.B.: ein Versprechen einhalten, einem Wohltäter danken (▷ KE 12, 40). Im Gegensatz zu TELEOLOGISCHEN (griech. *telos* = Ziel) Theorien lässt sich Kant nicht auf eine Diskussion über die Ziele oder Erfolgsaussichten von Handlungen ein, sondern fragt allein danach, ob eine Handlung von der Vernunft als Pflicht erkannt wird oder nicht. Das ist immer dann der Fall, wenn ein Verhalten als fair, gerecht und/oder geschuldet erscheint.

Entscheidend für die Ethik Kants ist, dass die Einheit des Menschen als Vernunftwesen respektiert wird. Daher kann von ihm nichts anderes gefordert werden, als was er selbst durch die Vernunft als Pflicht einzusehen imstande ist. Aus diesem Grund formuliert Kant keine inhaltlichen Normen, sondern nur ein formales Prinzip der Vernunft, das dazu dient, eine Handlung auf ihre Vernunftgemäßheit zu überprüfen. Dieser rein formale Imperativ ist von keiner Voraussetzung abhängig, sondern gilt kategorisch, also ausnahmslos in jeder Situation:

Handle so, dass die Maxime deines Willens jederzeit zugleich als Prinzip einer allgemeinen Gesetzgebung gelten könne.[2]

*

Die Probe, ob ein Verhalten der Pflicht entspricht, macht Kant durch eine gedankliche *Universalisierung* des Verhaltens. Man hat das oft so missverstanden, als solle man sich fragen, was passieren würde, wenn jeder so handelte. Das liefe aber darauf hinaus, eine Handlungsweise anhand der Generalisierbarkeit ihrer Folgen zu beurteilen, wobei Handlungen zu unterlassen sind, wenn ihre Folgen, sofern sie von allen unternommen würden, überwiegend schädlich wären. Damit hätte man aber wieder ein teleologisch-eudämonistisches Element in die Diskussion gebracht, weil gefragt würde, ob die Folgen des verallgemeinerten Verhaltens das Glück der Menschen fördern oder verhindern könnten.

Die Universalisierung, die Kant vor Augen hat, fragt danach, ob jeder Vernünftige an seiner Stelle, d. h. in einer vergleichbaren Situation, ebenso entscheiden müsste. Kant geht dabei von der Voraussetzung aus, dass die Vernunft in allen Menschen dieselbe ist und sittlich nur geboten sein kann, was jedem vernünftigen Wesen als Einsicht zugemutet werden darf.

*

Der Vorwurf, Kants Ethik sei inhaltsleer, trifft nur auf den ersten Blick zu, denn dem kategorischen Imperativ als UNIVERSALISIERUNGSPROBE geht voraus, dass der Mensch einen Inhalt als gebotene Pflicht erkannt hat. Die Universalisierung soll sicherstellen, dass der Einzelne sich nicht in die subjektive Gewissheit seiner individuellen Beurteilung zurückzieht. Kant sieht in der Vernunft nicht nur eine formale, intellektuelle Fähigkeit, die als Werkzeug zu beliebigen Zwecken zu gebrauchen wäre. Die Vernunft, so wie er sie versteht, erkennt durchaus sittliche Inhalte und Werte. Der kategorische Imperativ fordert dazu auf zu prüfen, ob die erkannte Pflicht wirklich der universalen, in allen Menschen gleichen Vernunfterkenntnis entstammt.

*

Die Sorge um die Autonomie des Menschen geht bei Kant so weit, dass er auch alle religiös begründeten Normen, die zu einer Fremdbestimmung

---

[2] Immanuel Kant, Werkausgabe, hg. v. W. Weischedel, Frankfurt/M. 1974, Bd. VII, Grundlegung zu einer Metaphysik der Sitten, S. 43.

des Menschen führen würden, ablehnt. Ein Gott, als absoluter Gesetzgeber gedacht, der vom Menschen Unterwerfung forderte, ohne dass dieser vernünftige Einsicht gewinnt, würde die Sittlichkeit des Menschen nicht fördern, sondern restlos zerstören. Jede Heteronomie (= Fremdgesetzlichkeit) in der Ethik beruht auf Willkür und untergräbt die Würde des Menschen. Kant gibt daher seinem kategorischen Imperativ noch eine andere Formulierung, die klarstellt, dass kein Zweck – und sei er ein vermeintlich von Gott gesetzter – die menschliche Person zum bloßen Werkzeug machen darf:

> Handle so, dass du die Menschheit sowohl in deiner Person, als in der eines jeden Andern, jederzeit zugleich als Zweck, niemals bloß als Mittel brauchst.[3]

*

Diese Formulierung des kategorischen Imperativs korrigiert die erste insofern, als deutlich wird, dass die rigorose Erfüllung der erkannten Pflicht niemals rein abstrakt verstanden werden darf, weil sie sich sonst gegen das vernünftige Subjekt selbst richten könnte. Die menschliche Vernunft darf sich nicht zu einer Weltverbesserungsideologie aufschwingen, welche die Vernunftautonomie des Einzelnen der Tyrannei eines nur scheinbar vernünftigen großen Zieles unterordnet. Der Mensch als Person ist sein eigener Zweck. Wo immer die menschliche Person zum reinen Mittel herabgewürdigt wird und ihm damit seine menschliche Würde geraubt wird, hebt die Vernunft ihre eigene Grundlage auf. Damit ist auch ein wichtiger inhaltlicher Gesichtspunkt für ein humanes Ethos gesetzt: Um vernünftig zu bleiben, ist es notwendig, die Gewissensfreiheit des Einzelnen zu schützen, denn wo der Einzelne einem fremden Zwangsgesetz unterworfen wird, da ist in ihm die Menschheit als Ganze beschädigt und beleidigt.

*

Die Ethik Kants, die streng am sittlichen Subjekt orientiert ist, umgeht die Frage nach dem Umfeld einer Handlung (▷ KE 12, 39). Im kategorischen Imperativ spricht Kant daher auch von der MAXIME (= grundlegende Ausrichtung) des *Willens*. Nicht die Handlungsweise selbst wird untersucht – die unterliegt empirischen Unregelmäßigkeiten und ist abhängig von den jeweiligen Umständen – und auch nicht die Folgen der Hand-

---

3   Ebd., S. 36.

lung, sondern allein die MOTIVATION. Kant ist der Überzeugung, dass der Mensch einzig und allein für seine Handlungsmotivation sittlich zur Verantwortung gezogen werden kann, nicht jedoch dafür, dass bei einer Handlung seine persönlichen Fähigkeiten nicht ausreichen oder die Kenntnis der Umstände Lücken aufweist.

> Es ist überall nichts in der Welt, ja überhaupt auch außer derselben zu denken möglich, was ohne Einschränkung für gut könnte gehalten werden, als allein ein guter Wille.[4]

Die Auffassung Kants wird daher als GESINNUNGSETHIK bezeichnet, der man eine VERANTWORTUNGSETHIK gegenübergestellt hat, die alle absehbaren Folgen einer Handlung in die ethische Entscheidung miteinbeziehen möchte. Der Konflikt zwischen beiden Auffassungen wird besonders kritisch, wo es um den Einsatz fragwürdiger Mittel zur Erreichung gerechtfertigter Zwecke geht. Einem Satz wie: »Der Zweck heiligt die Mittel« könnte von Kants Ethik aus niemals zugestimmt werden, denn wenn ein Mittel als pflichtwidrig erkannt ist, schließt der kategorische Imperativ seine anderweitige Rechtfertigung aus. Die Gesamtheit der Folgen einer Handlung ist für keinen Menschen abzusehen, er muss sich daher damit begnügen, vernunftgemäß gehandelt zu haben. Nur dafür trägt er Verantwortung.

*

Auch für den Aufklärer Kant war allerdings deutlich, dass das vernünftige pflichtgemäße Handeln des Einzelnen nur dann in die Welt passt, wenn es in der ganzen Welt vernünftig zugeht. Die Unvernünftigkeit der Welt lässt aus gut gemeinten Handlungen schlechte Folgen entstehen und sie ist auch die Ursache dafür, dass der sittlich Handelnde zwar seine innere Würde bewahrt, aber anderen oft nachsteht, was das äußerliche Glück betrifft. Hier wird ein schwerwiegender Bruch des rationalistischen Weltbildes erkennbar, dem Kant nur so zu begegnen weiß, dass er trotz der offensichtlichen Unvernünftigkeit und Ungerechtigkeit der Welt fordert, der Mensch müsse, um sinnvoll handeln zu können, an eine umgreifende, aber verborgene Vernünftigkeit glauben.

Kant besteht trotz der Ungerechtigkeit der Welt darauf, dass man von dem Menschen, der durch sein sittliches Verhalten der Glückseligkeit würdig geworden ist, annehmen muss, dass er dieser auch teilhaftig werden wird.

---

4   Ebd., S. 18.

Die Vernünftigkeit und Gerechtigkeit der Welt, die sich in unserem Leben nicht erweist, muss trotzdem angenommen und vorausgesetzt werden.

So gelangt Kant zu seinen drei POSTULATEN (= Forderungen) der praktischen Vernunft, die man manchmal als MORALISCHEN GOTTESBEWEIS bezeichnet hat. Die praktische Vernunft muss voraussetzen,
- dass der Mensch *frei* ist,
- dass eine Möglichkeit des Ausgleichs und der Vervollkommnung über den physischen Tod hinaus besteht (UNSTERBLICHKEIT) und
- dass eine ausgleichende Instanz existiert, die die gestörte Gerechtigkeit wiederherstellt (GOTT).

*

Der UTILITARISMUS (lat. *utilis* = nützlich) wird oft als Gegenposition zu Kants Pflicht-Ethik angeführt. Seit der Antike gilt diejenige Rangordnung der Werte als gut, die dem Menschen ein glückliches Leben im Einklang mit sich selbst ermöglicht. Jede Ethik, die diesem PRINZIP DES GUTEN LEBENS folgt, wird EUDÄMONISTISCH (von griech. *eudaimonia* = Glück, Wohlbefinden) genannt. Dabei waren sich die Philosophen durchaus nicht darüber einig, wodurch Menschen Glück und Wohlbefinden erlangen können. Die Skala reicht von der ungeschminkten Wertschätzung sinnlichen Lustgewinns (HEDONISMUS) bis zur Propagierung der Seelenruhe und inneren Ausgeglichenheit als höchstem Glück, propagiert von Epikur (341–271/70 v. Chr.). Auch wurde darüber diskutiert, ob man Glück für sich allein anstreben könne oder ob sich wahrhaftes Glück nur in Gemeinschaft einstelle.

*

Einig sind sich solche teleologischen Theorien darin, dass sie eine Handlung dann als gut ansehen, wenn sie zur Erreichung eines bestimmten außermoralischen Werts geeignet ist. Damit wird das Urteil darüber, ob etwas im moralischen Sinne gut zu nennen ist, abhängig davon, wie der angestrebte außermoralische Wert eingestuft wird. Ist das Ziel erfolgreich durch die jeweilige Handlungsweise zu erreichen?

Die normative Ethik kann als kluge Regelung des zielorientierten menschlichen Handelns angesehen werden. Auseinandersetzungen in Fragen der Ethik sind nur noch darüber nötig, in welche Rangfolge die außermoralischen Werte gesetzt werden sollen. Die Frage nach dem wahren Glück wird aber nicht auf moralischem Gebiet, sondern nur durch Weisheit und Menschenkenntnis zu entscheiden sein. Alle Systeme normativer Ethik, die diesem Grundgedanken folgen, lassen sich auf folgendes Schema bringen:

Ausgangsbedingungen	Das Gute	Zielvorstellung
sachgerechte Analyse der Situation, Kenntnis der Handlungsalternativen und ihrer Folgen	sachgerechtes und zielorientiertes Handeln	außermoralischer Wert: z. B. Glück, Macht, Seelenfrieden, Lustgewinn etc.

*

Während in der Ethik Kants der Nachdruck darauf gelegt wird, dass eine in sich gute Handlung beabsichtigt wird und dabei die möglichen Folgen ausgeblendet werden, lenkt der Utilitarismus die gesamte Aufmerksamkeit auf die Nützlichkeit oder Schädlichkeit der Handlungsfolgen.

Die beiden Entwürfe können also als Gegenmodelle verstanden werden, wobei der Utilitarismus eine teleologisch-eudämonistische Ethik verfolgt, der Entwurf Kants hingegen als rein deontologische Normbegründung gelten muss.

*

Wie jede eudämonistische Ethik untersucht auch der Utilitarismus zunächst die Handlungsziele und stellt fest, dass alle Menschen schon immer im eigenen Interesse handeln. Ganz natürlich versuchen sie, Leid zu vermeiden und Lust zu erlangen. Dieses durch die Natur vorgegebene Streben nehmen die Utilitaristen bewusst auf, um es zur Grundlage ihres ethischen Systems zu machen. Das Problem der Ethik erkennen sie nämlich darin, das Luststreben des Menschen mit seiner sozialen Natur zu vereinbaren und die dadurch unvermeidlichen Konflikte mit dem Streben der anderen Individuen zu versöhnen.

*

JEREMY BENTHAM (1748–1832) gilt als Begründer dieser Philosophie (▷ KE 12, 47). Er formulierte sein Grundprinzip folgendermaßen:

> Unter dem Prinzip der Nützlichkeit ist jenes Prinzip zu verstehen, das schlechthin jede Handlung in dem Maß billigt oder missbilligt, wie ihr die Tendenz innezuwohnen scheint, das Glück der Gruppe, deren Interesse in Frage steht, zu vermehren oder zu vermindern.[5]

---

5 Zitiert nach Otfried Höffe (Hg), Einführung in die utilitaristische Ethik – Klassische und zeitgenössische Texte, München 1957, S. 35 f.

Das PRINZIP DES GRÖSSTMÖGLICHEN GLÜCKS *(greatest happiness principle)* enthält sogar eine doppelte Maximierungsforderung: Jede Handlung soll daran gemessen werden, ob sie möglichst gute Folgen für eine möglichst große Zahl von Menschen zu erreichen verspricht. Die Menschen können nach dieser Ethik also von ihrer natürlichen Handlungsorientierung auf Glück ausgehen und müssen diese, um sittlich zu handeln, nur auf die Interessen der ganzen Gruppe ausweiten. Unausgesprochen wird dabei vorausgesetzt, dass sich das Luststreben des Einzelnen nicht prinzipiell gegen die anderen Gruppenmitglieder richtet. Wer seinen eigenen Erfolg sucht, kann dabei auch den der anderen mitfördern. Kommt es zu Konflikten zwischen verschiedenen Handlungsmöglichkeiten, so kann nach dem Prinzip der Nutzenmaximierung dann leicht entschieden werden, wenn die Anzahl der von den Handlungen betroffenen Personen unterschiedlich ist. Weniger eindeutig werden Entscheidungen ausfallen, wenn es um die Art und Intensität des zu erreichenden Wohlbefindens geht.

*

Wie in jeder eudämonistischen Ethik müsste hier eine Theorie der menschlichen Bedürfnisse entwickelt werden, um zu klaren Entscheidungen zu kommen. Zumeist gehen die Utilitaristen von einer fiktiven Instanz aus, die durch ideales Einfühlungsvermögen die Bedürfnisse aller Beteiligten erleben und miteinander vergleichen kann. Auch wenn hier der Utilitarismus auf ein Grundproblem stößt, kann doch für die meisten individuellen oder politischen Entscheidungen davon ausgegangen werden, dass klare Entscheidungen möglich sind, solange in einer Gesellschaft ein Konsens darüber besteht, was die Lebensqualität ausmacht. Ein Konsens in dieser Frage wird einfach darin erkennbar, dass die meisten Menschen ähnliche Lebensziele anstreben und die gleichen Güter für wertvoll halten.

*

In der Diskussion unterscheidet man zwei Grundformen des Utilitarismus, nämlich den *Handlungs-* und den *Regelutilitarismus*.

Die erste, radikalere Gruppe, zu der auch J. Bentham gehört, will das Nützlichkeitsprinzip auf jede einzelne Handlung angewendet sehen. Die zweite Gruppe, zu der JOHN STUART MILL (1806–1873) zählt, beurteilt eine konkrete Handlung dann als gut, wenn sie zu einer Klasse von Handlungen gehört, die im Allgemeinen nützliche Folgen haben. Der Fortschritt dieser Richtung besteht darin, dass ein Prinzip der Verallgemeinerung in die ethische Argumentation eingeführt wird, das fragwürdige Handlungen ausschließt, die nur für Einzelne von Vorteil sind.

*

Ein Versicherungsbetrug könnte z. B. von einem HANDLUNGSUTILITARISTEN akzeptiert werden, wenn der Schaden für die Allgemeinheit gering, der Nutzen für den Einzelnen aber groß ist. Der REGELUTILITARIST wird aber die Frage stellen: »Welcher Schaden oder Nutzen entsteht, wenn alle so handeln?« Lässt sich eine Handlungsweise nicht generalisieren, ohne dass mit einem Überwiegen des Schadens gerechnet werden muss, so ist sie auch im Einzelfall unsittlich.

Andere Ethiker haben vorgeschlagen, zur Ergänzung des Nützlichkeitsprinzips ein PRINZIP DER FAIRNESS (Norbert Hoerster) einzuführen, das besagt, dass keine Vorteile aus einer Gemeinschaft gezogen werden dürfen, wenn man nicht bereit ist, solidarisch die notwendigen Lasten und Opfer zu tragen, die zum Erhalt der Gemeinschaft nötig sind. Deutlich erkennbar ist, dass der Utilitarismus ein Defizit darin aufweist, dass die Frage nach der Gerechtigkeit einer Handlung unbeachtet bleibt. Dieser Gesichtspunkt muss durch ein ergänzendes Prinzip dem reinen Nützlichkeitsgrundsatz hinzugefügt werden.

Der Vorteil der utilitaristischen Argumentation ist, dass sie dem ethischen Empfinden des modernen Menschen sehr entgegen kommt. Die Ökonomie und das Abwägen der Einzelinteressen sind Grundzüge der Lebenswirklichkeit in der modernen Industriegesellschaft. Der Markt erscheint als Ort der privaten Suche nach dem Glück anhand einer persönlichen Skala von Vorlieben.

Politische Entscheidungen, die das Wohl vieler Bürger betreffen werden in demokratischen Staaten häufig ganz automatisch nach utilitaristischen Regeln getroffen, weil das Bestreben der Politiker erneut gewählt zu werden, sie dazu zwingt Mehrheiten zu berücksichtigen. Dabei wird umgekehrt auch das Problem dieser Ethik erneut deutlich: Sie kann die berechtigten Interessen von Minderheiten nur schwer mit in ihr Kalkül aufnehmen. Der Utilitarismus steht in der Gefahr, die Rechte des Einzelnen eher zu vernachlässigen.

*

In den letzten Jahrzehnten wurde ein Neuansatz entwickelt, der das Problem des Messens und Vergleichens von Lebensglück umgeht. Der PRÄFERENZ-UTILITARISMUS

beurteilt Handlungen nicht nach ihrer Tendenz zur Maximierung von
Lust und Minimierung von Leid, sondern nach dem Grad, in dem sie
mit den Präferenzen der von den Handlungen oder ihren Konsequenzen
betroffenen Wesen übereinstimmt.[6]

Dadurch ist man der Schwierigkeit enthoben, das zu erwartende Glück
als Folge einer gesellschaftlichen Regelung messen und vergleichen zu
müssen. Es genügt, die Menschen darüber zu befragen, welche Dinge und
Zustände für sie als wünschenswert gelten.

*

Der moderne Präferenzutilitarismus, wie er etwa von Peter Singer vertreten wird, beruht auf dem Prinzip, die Präferenzen aller Beteiligten in
gleicher Weise zu berücksichtigen und jeden Rassismus, Sexismus oder
auch Speziesismus auszuschalten. Grundlegende vitale Interessen von
Einzelnen können dabei höher eingestuft werden als beiläufige, oberflächliche Wünsche von Mehrheiten. Oberstes Interesse aller Lebewesen ist die
Vermeidung von Leid und Schmerz. Was das Lebensrecht selbst betrifft,
unterscheidet Singer jedoch Lebewesen, für die ein schmerzloser Tod kein
Leid darstellen würde, weil sie kein Selbstkonzept für die Zukunft haben
und sozusagen im Augenblick leben, von solchen, die als Personen auf
Zukunft ausgerichtet sind. Letzteres trifft durchaus auch auf Säugetiere
zu. Auf dieses Weise wird Peter Singer besonders im angelsächsischen
Raum zum ethischen Gewährsmann der Tierschutzbewegung *(Animal
Liberation)*. Umgekehrt sieht er sich dem Vorwurf ausgesetzt, durch seine
Argumentation Abtreibung und Euthanasie zu verharmlosen, denn Würde
und Schutz eines Lebewesens werden nicht von seiner Zugehörigkeit zur
Gattung Mensch abhängig gemacht.

> Ich schlage daher vor, dem Leben eines Fötus keinen größeren Wert zuzubilligen als dem Leben eines nichtmenschlichen Lebewesens auf einer
> ähnlichen Stufe der Rationalität, des Selbstbewusstseins, der Wahrnehmungsfähigkeit, der Sensibilität etc.[7]

---

6 Peter Singer, Praktische Ethik, Stuttgart 1984, S. 128.
7 Ebd.

Kapitel 15 | Biblische Ethik

> Aus welchen Texten lässt sich eine biblische Ethik gewinnen?
> Welche Bedeutung hat der Dekalog im Alten Testament und bei den Christen?
> Sollen sich auch Atheisten an die Zehn Gebote halten?
> Das Liebesgebot – eine neue Ethik oder das Ende aller Ethik?
> Ist die Ethik des Juden Jesus auch die Ethik der Juden?
> Kann man sich an die Weisungen Jesu überhaupt halten – selbst wenn man will?
> Wie wird die Bergpredigt heute ausgelegt? Was ist heute daran »anders«?
> Was meint Paulus mit: »Alles ist erlaubt?«

Fragt man nach dem wichtigsten Bibeltext, der Auskunft über die sittliche Grundorientierung des christlichen Glaubens geben kann, so werden neben dem Gebot der Nächstenliebe sicher an erster Stelle die ZEHN GEBOTE des Alten Testaments genannt werden.

Der Dekalog, wie er sich an zwei Stellen des Alten Testaments (Ex 20 und Dtn 5) findet, geht zurück auf kürzere Gebotsreihen (z. B. dreigliedrig: nicht morden, nicht stehlen, nicht ehebrechen). Als zehngliedrige Reihe ist er das Produkt einer langen Entwicklung, in der verschiedene Gebotstraditionen zusammengewachsen sind. In der schließlich erreichten ausgewogenen und in sich abgeschlossenen Gestalt der Zehnerreihe drückt sich das Bewusstsein aus, zu einem festen und bewährten Ergebnis hinsichtlich der wichtigsten Regeln für das Zusammenleben in einer Gemeinschaft gekommen zu sein.

*

Im Alten Testament erscheint der Dekalog in der Einkleidung einer Mosegeschichte (▷ KE 12, 58). Damit wird der Inhalt der Gebote durch die beiden höchsten Autoritäten gefestigt: Jahwe selbst muss als ihr Autor anerkannt werden, Mose, der den Bund zwischen Jahwe und dem Volk vermittelt, überbringt die Gebote auf den beiden Steintafeln. Diese Darstellung bekräftigt nicht nur ihren Geltungsanspruch, sondern lässt sie auch als eine ursprüngliche, festgefügte Einheit erscheinen. Die Zehn Gebote wurden zum Zeitpunkt der Zusammenfügung mit der Moseerzählung offenbar allgemein anerkannt und erschienen als von Gott unmittelbar geoffenbart; damit war der Textbestand nicht mehr veränderlich. Die als feststehend akzeptierte Tradition konnte aber durch verschiedene Auslegungsmöglichkeiten immer weiter entwickelt und veränderten Gegebenheiten angepasst werden.

Die sprachliche Form der Gebote bzw. Verbote *(Du sollst nicht ...)* als direkte, persönliche Anrede weist darauf hin, dass es für den Gläubigen hier um mehr geht als um ein formales Gesetz. Zwar ist auch der Dekalog eine Sammlung von Verhaltensregeln, die in einer Gemeinschaft allgemein, ohne Ansehen der Person, gelten soll, aber zur neutralen Allgemeingültigkeit tritt hier noch ein weiterer Aspekt hinzu. Das Gebot beruht anders als ein Gesetz auf einem mündlichen Vorgang, zu dem zwei Personen gehören: ein Gebietender und ein Hörender, Jahwe und Israel. Der richtige Ort für das Verkünden des Dekalogs ist nicht der Gerichtssaal, sondern der feierliche Gottesdienst, und bei der Übertretung der Gebote wird nicht nur eine Regel verletzt, sondern ein PERSONALES VERHÄLTNIS gestört. Dadurch wird das Verhältnis des Volkes – später dann auch des Einzelnen – zu Gott an das Leben und Handeln in der Gemeinschaft gebunden. Der unmittelbar gebietende Gott solidarisiert sich mit den schwachen Gliedern der Gemeinschaft, die durch seine Gebote geschützt werden sollen. Gott ist in diesem Glauben von jeder Handlung des Menschen unmittelbar mitbetroffen.

*

Der umfassende Zusammenhang, in den der DEKALOG im Alten Testament eingefügt ist, wird durch die Präambel des Textes besonders deutlich hervorgehoben:

> Ich bin Jahwe, dein Gott, der dich aus Ägypten geführt hat, aus dem Sklavenhaus. *Ex 20,2*

Der historische Ursprung, die Begründung der israelischen Volksgemeinschaft durch die Erwählung und Rettungstat Jahwes, wird mit dem Dekalog gekoppelt, der die Regeln dieser Gemeinschaft festhält, um ihre besondere Identität als Gemeinschaft von Freien zu erhalten.

*

Die Zehn Gebote bei Luther: Vergleicht man die beiden Fassungen der Zehn Gebote – im Alten Testament und im Kleinen Katechismus –, so stellt man erhebliche Abweichungen fest:

- Die Präambel fällt weg bzw. wird z. T. in das erste Gebot miteinbezogen.
- Das Bildnisverbot des alttestamentlichen Textes fehlt bei Luther.
- Das Sabbatgebot wird stark gekürzt und auf den »Feiertag« hin verallgemeinert.
- In der Verheißung zum vierten Gebot fehlt bei Luther der Hinweis auf das Land.
- Das Verbot des Begehrens ist bei Luther wie in Dtn 5 auf das neunte und zehnte Gebot aufgeteilt, wohl um wieder die Zehnzahl zu erreichen.

Dieser freie Umgang Luthers mit dem biblischen Text ist nur aus seiner Grundhaltung zu den Zehn Geboten zu verstehen: Luther sieht das Mosegesetz und damit auch die Zehn Gebote in Christus als überwunden an. Die Erinnerung an Gottes Rettungstat in der Präambel, seine Gebote an das Volk durch Mose und seine Verheißung des Gelobten Landes sind Bestandteile der jüdischen Glaubensgeschichte. Sie erfassen das Wesentliche im Verhältnis des Christen zu Gott gerade nicht. Dieses Verhältnis wird allein durch den Glauben an Christus bestimmt und nicht durch den Gehorsam gegenüber Geboten, die den Christen in die Geschichte des Volkes Israel hineinstellen würden. Luther sieht im Dekalog das besondere Volksgesetz Israels, das außerhalb dieser Gemeinschaft keine Gültigkeit hat: Mose ist allein dem jüdischen Volk gegeben und geht uns »Heiden« und Christen nichts an.

*

Trotzdem hat der Dekalog für Luther eine so große Bedeutung, dass er ihn in seinem Kleinen Katechismus als erstes Hauptstück aufnimmt und erklärt. Er will den Dekalog zwar nicht als geoffenbarten Willen Gottes annehmen – dieser zeigt sich nur in Christus – aber Luther erkennt in den Formulierungen des Alten Testaments ein grundlegendes Gesetz für das Leben in der Gemeinschaft. Die Mose zugeschriebenen Gebote übernimmt er, weil sie vernünftig und überzeugend sind, ohne dass er sich dabei an den biblischen Wortlaut binden lässt. Der Inhalt des Dekalogs entspricht für Luther dem Naturrecht, das auch aus unserem sittlichen Gewissen spricht. Die Zehn Gebote gelten also für den Christen, nicht weil sie »in der Bibel stehen« oder weil Gott für sie Gehorsam forderte, sondern nur, weil und insofern sie uns als vernünftig und gut einleuchten. Sie geben der aus dem Glauben entspringenden Nächstenliebe die konkrete Richtung.

Biblische Ethik | 147

*

In seiner Auslegung der Gebote will Luther verdeutlichen, dass es sich nicht um göttliche Gesetze handelt, die dem Christen auferlegt wären, sondern dass in ihnen ein Verhalten beschrieben wird, das die natürliche Folge des Glaubens ist. Dieser Sinn steckt hinter der stereotypen Einleitung: »Wir sollen Gott fürchten und lieben, auf dass wir …« Allein heilsam und geboten ist für den Christen der Glaube – hier ausgedrückt durch Gottesfurcht und Gottesliebe –, denn aus dem Glauben ergibt sich die richtige Gesinnung in sittlichen Fragen von allein. Der Glaube befreit zur Liebe und die Liebe erfüllt das Gebot, noch ehe sie davon weiß.

Im Vergleich zum Alten Testament sieht man, dass Luther die Zehn Gebote bewusst aus dem alttestamentlich-jüdischen Zusammenhang herauslöst und neu interpretiert: Die Elemente, die auf die jüdische Volksgeschichte hinweisen (Exodus, Landverheißung) werden weggelassen, die Autorität Mose für den Christen abgelehnt. Die unmittelbare Selbstvorstellung Gottes wird in das erste Gebot einbezogen und dann in der Formulierung der Auslegung bei allen anderen Geboten wiederholt. So erhalten die einzelnen Gebote den Sinn, Folgen der Beachtung des – stets wiederholten – ersten Gebots zu sein. Luther kam es darauf an, den Sinn seiner Rechtfertigungslehre auch hier durchzuhalten. Nicht die Einhaltung von Geboten bestimmt die Stellung zu Gott, sondern der von Gott geschenkte Glaube.

*

Der Grundbestand des Dekalogs wird als klassische Formulierung des Naturrechts übernommen. In den einzelnen Formulierungen wird der alttestamentliche Text gleichwohl christlichen Erfordernissen angepasst und so bleibt die Auslegung nicht bei der ursprünglichen Bedeutung der Gebote stehen – soweit sie Luther bekannt war –, sondern sie aktualisiert und akzentuiert je nach Bedarf: Das Bilderverbot fällt weg, das Sabbatgebot wird auf den christlichen Sonntag und den Gottesdienst übertragen, das Verbot des Mordes wird stark ausgeweitet auf jede Schädigung des Nächsten, das Verbot falscher Zeugenaussagen vor Gericht wird zum Verbot, dem Nächsten ganz allgemein Übles nachzusagen usw. Deutlich ist die Tendenz, die Zehn Gebote als Felder guter Gesinnung und praktischer Nächstenliebe zu verstehen, sie also mehr als positive Gebote denn als Verbote eines bestimmten, klar umrissenen Fehlverhaltens zu deuten.

*

In den letzten Jahrzehnten ist in der gesellschaftspolitischen Diskussion die Frage nach tragenden Grundwerten für einen Staat wie die Bundesrepublik Deutschland, der weltanschaulich nicht gebunden sein will, immer deutlicher hervorgetreten. In diesem Zusammenhang wird gefragt, wie es möglich ist, einen stabilen Wertekonsens in der Gesellschaft zu erreichen, ohne die pluralistische Grundordnung in Frage zu stellen.

Die beiden großen christlichen Kirchen haben sich schon 1979 mit einer gemeinsamen Erklärung in dieser Diskussion zu Wort gemeldet und auf den Dekalog als Beitrag der Christen zum gesellschaftlichen Wertekonsens hingewiesen.

Die evangelische und katholische Kirche geben in dem Dokument *Grundwerte und Gottes Gebot* zu erkennen, dass sie sich an die Zehn Gebote aus religiösen Gründen gebunden fühlen, aber der Meinung sind, dass ihr Inhalt weitgehend auch aus rein vernünftigen Überlegungen allgemein akzeptabel sein könnte. Dabei werden die Gebote der ersten Tafel als Angebote des Glaubens an den nach Sinn suchenden Menschen gedeutet. Die Gebote der zweiten Tafel haben »auch eine humane Plausibilität für sich und können als Grundwerte verstanden werden.« Andererseits wird zu bedenken gegeben:

> Wenn die Begründung des menschlichen Ethos im Glauben völlig entfällt, können auch die Motive für die Beachtung der zweiten Tafel schwächer werden. Wie die Geschichte zeigt, erleidet nicht zuletzt ihre unbedingte und universale Gültigkeit Schaden.[1]

*

Das Liebesgebot Jesu bildet – wie der Dekalog für das Alte Testament– die ethische Basis des Neuen Testaments.

> Du sollst den Herrn, deinen Gott, lieben von ganzem Herzen, von ganzer Seele und von ganzem Gemüt. Dies ist das höchste und größte Gebot. Das andere aber ist dem gleich: Du sollst deinen Nächsten lieben wie dich selbst. *Mt 22,37–39; Lev 19,18*

---

[1] Grundwerte und Gottes Gebot, hg. von der Kirchenkanzlei der Evangelischen Kirche in Deutschland und der deutschen Bischofskonferenz, Gütersloh 1979, S. 37 f.

Jesus *lebt* die Nähe Gottes. Von dem Bewusstsein erfüllt, dass die Zeit des Wartens vorbei ist, beginnt er damit, die Nähe und Güte des Schöpfers kompromisslos in die Tat umzusetzen. Für ihn hängt alles am absoluten Ernstnehmen des Augenblicks. Er ist erfüllt von dem Bewusstsein »Gott ist jetzt da!« und alles kommt für ihn darauf an, die ausgestreckte Hand jetzt zu ergreifen.

Die zeittypisch apokalyptische Redeweise vom bevorstehenden Reich Gottes kann er dazu benutzen, dieses Gefühl der befreienden und fordernden Nähe Gottes weiterzugeben und klarzumachen, dass die Regeln der Tradition nun nicht mehr binden können, dass aber auch die Zeit der Kompromisse vorbei ist.

Die Worte Jesu zu verschiedenen Problemen des menschlichen Verhaltens, wie sie im Neuen Testament überliefert sind, ergeben kein ausgewogenes ETHISCHES SYSTEM, das sich auf die Weisheit und Erfahrung von vielen Geschlechtern stützt. Vielmehr sieht man sich mit den radikalen Forderungen eines jungen Mannes, eines Außenseiters, konfrontiert, der aus dem Bewusstsein lebt und spricht, an einer Zeitenwende zu stehen.

Die Anweisungen Jesu setzen nicht auf das Bewährte, nicht auf Erfahrung und abgeklärte Übersicht – sie kommen aus der unmittelbaren Empörung über Unrecht, Selbstzufriedenheit und Gottferne. Mit seinen Worten, aber noch mehr durch sein Handeln gibt er dem ebenso klar wie fordernd empfundenen Willen Gottes Ausdruck. Den ethischen Mittelpunkt seiner Botschaft bildet die FORDERUNG NACH UMKEHR. Die konkrete Zumutung, alles stehen und liegen zu lassen, was vorher, im »normalen Leben«, wichtig war, erscheint im Licht der großen Erwartung nicht als schwer zu erbringende moralische Verzichtsleistung, sondern als pure Selbstverständlichkeit für den, der das Kommen Gottes erfährt. Wer die Perle des Reiches Gottes (Mt 13,45 f.) in seinem Leben entdeckt, für den werden andere Werte wertlos. Jesus nimmt wenig Rücksicht auf überkommene, traditionelle Formen und Verpflichtungen; er will die Menschen frei machen von allen Bindungen, auch von der Bindung an sich selbst, um sie ganz für Gott und den Nächsten zu gewinnen.

*

Für Jesus ist das Kriterium der Wahrheit des Gebots nicht die Übereinstimmung mit der Tradition, sondern die Übereinstimmung mit dem unmittelbaren Willen Gottes. Diese Art, mit der Mosetradition umzugehen, provozierte immer wieder die Frage nach der Vollmacht Jesu. Welchen Zugang zum Willen Gottes kann es für einen Juden außerhalb des

Gesetzes geben? Jesus geht auf den ursprünglichen Willen des Schöpfers zurück, zu dem das Gesetz nur ein verspäteter, verschlungener und nicht immer sicherer Weg ist. Besonders der vermeintlich direkte Zugang zu Gott im Kult kann zu einem Missverständnis führen, so als könne der Mensch außerhalb des Verhältnisses zu seinen Mitmenschen zu Gott in Beziehung treten. Wo sich das Mose-Gesetz dazu missbrauchen lässt, dem Willen des Schöpfers auszuweichen und Notwendigkeiten des Kults vor die Mitmenschlichkeit zu setzen, da scheut Jesus auch vor einer grundsätzlichen Kritik der Thora nicht zurück. Die christliche Gemeinde hat daraus eine ETHISIERUNG abgelesen und die kultischen Teile des Alten Testaments für sich als nicht mehr verbindlich betrachtet.

*

Das Doppelgebot der Liebe wird in Lk 10 ausdrücklich vom jüdischen Gesetzeslehrer als Kern der Thora ins Spiel gebracht. Auf das besondere Verständnis dieses Gebotes bei Jesus weist aber die damit verbundene Beispielerzählung vom barmherzigen Samariter hin.

Die dort gestellte Frage »Wer ist mein Nächster?« leitet nicht nur eine typisch jüdische Diskussion um die richtige Auslegung des Gebotes in einer bestimmten Situation ein, sondern kann als die ETHISCHE GRUNDFRAGE überhaupt verstanden werden. Sie zielt darauf, Verantwortlichkeitsbereiche abgrenzend festzulegen und dem Menschen zu sagen, wo seine Verpflichtungen den Mitmenschen gegenüber beginnen und wo sie enden. Keine Ethik kann auf die Beantwortung dieser Frage verzichten.

Jesus antwortet mit einer Geschichte, deren Schluss die Frage selbst abweist. Es ist dem Menschen nicht möglich, von vornherein ethisch bedeutsame Klassifizierungen von Nächsten, Nahen und Ferneren zu unterscheiden, wie es im Alten Testament die Unterscheidung von Volksgenossen, Gästen und Fremden nahe legt. Nimmt man eine solche Unterscheidung vor, so würde sie in der vorliegenden Geschichte zu dem absurden Ergebnis führen, dass gerade der Helfer als Samariter gute Gründe hätte, seine Hilfe zu verweigern.

Die Frage des Schriftgelehrten wird aber auch nicht einfach damit beantwortet, dass grundsätzlich jeder Mitmensch als Nächster aufgefasst werden muss. Wenn alle gleich nahe stehen, wird damit die Verantwortlichkeit für den konkreten Mitmenschen nur verwässert.

Entscheidend ist für Jesus die nicht vorherzusehende Situation und die spontane Reaktion darauf. Ausgehend von dieser Textstelle hat man Jesus zum SITUATIONSETHIKER erklären wollen, der Ethik als Theorie ablehnt, weil keine Situation im menschlichen Leben einer anderen genau gleicht und es daher darauf ankommt, offen für die Erfordernisse des Augenblicks zu sein. Dies ist sicher insofern zutreffend, als Jesus es nicht zulassen will, dass menschliche Satzungen der unmittelbaren Erkenntnis des Willens Gottes in einer konkreten Lebenssituation im Wege stehen.

*

Die Zuspitzung des Liebesgebotes auf das Gebot der Feindesliebe geht wohl auf ein ursprünglich selbstständig überliefertes Jesuswort zurück. In seiner paradoxen Formulierung – »Feindes-Liebe« – scheint es auf ein Verhalten zu zielen, das zur eigenen Vernichtung führen muss. Es erfordert ein Vertrauen in den Sinn dieses Opfers, das außerhalb des Glaubens wohl kaum möglich ist. Daher muss gefragt werden, ob sich die Radikalisierung des Gebots bis zur Feindesliebe und zur Forderung nach Vollkommenheit (Mt 5,48) überhaupt noch im Rahmen einer menschlichen Ethik verstehen lässt. Ethik als vernünftige Theorie einer sinnvollen Lebensführung des Menschen gerät hier an eine Grenze. Streng genommen enthält dieses Gebot keine neue Ethik, sondern die Krise jeder menschlichen Ethik vor den Augen Gottes.

*

Die Bergpredigt, ein Kernstück des Matthäus-Evangeliums (Kap. 5–7), ist eine Zusammenstellung wichtiger Aussagen Jesu, wie sie der judenchristlichen Gemeinde, für die Matthäus um 80 n. Chr. schrieb, überliefert wurden (▷ KE 12, 57).

Der synoptische Vergleich zeigt, dass ein Teil des Textes in der Feldrede des Lukas (Lk 6,20–49) eine Parallele besitzt. Der Grundbestand geht also auf die Logienquelle Q zurück, in der schon eine schriftliche Sammlung und Zusammenstellung wichtiger Jesusworte vorgenommen wurde. Diesen Grundbestand hat Matthäus bearbeitet, mit anderen, ihm bekannten Aussprüchen Jesu erweitert und in einen Handlungsrahmen gesetzt (Mt 5,1f. und 7,28 f.).

Sein Ziel mag dabei gewesen sein, eine abgerundete Fassung der urchristlichen Lehre festzuhalten und sie als Rede Jesu mit der höchsten Autorität zu versehen. Unabhängig vom Kontext des Evangeliums wirkt dieser Text wie eine urchristliche Glaubenslehre, ein Katechismus, in dem Hoffnung, Ermahnung und Gebet der frühen Gemeinde konzentriert sind.

Ein großer Teil der gesammelten Aussprüche geht sicher auf Jesus zurück, auch wenn das im Einzelfall letztlich nicht beweisbar ist und der ursprüngliche Kontext der Jesusworte verlorenging. Andererseits wird deutlich, dass in der Zusammenstellung und Gestaltung der Rede die speziellen Probleme einer judenchristlich geprägten Gemeinde ihren Niederschlag gefunden haben, die Jesusworte also aus einer späteren Perspektive reflektiert werden. Eine Schlüsselrolle spielt dabei Mt 5,17:

> Glaubt nicht, dass ich gekommen bin, das Gesetz oder die Propheten aufzulösen; ich bin nicht gekommen aufzulösen, sondern zu erfüllen.

Diese redaktionelle Überschrift nimmt den folgenden gesetzeskritischen Worten Jesu ihre trennende Schärfe. Für Judenchristen war es wichtig, die harten Worte Jesu in der Auseinandersetzung mit der Gesetzestradition so zu deuten, dass Jesus nicht als Gegner der Thora, sondern als ihr endzeitlicher Erfüller und Vollender verstanden werden konnte. Zur Zeit des Matthäus war dies sowohl ein Streitpunkt in der Abgrenzung vom gesetzesfrommen Judentum wie auch ein innerchristliches Problem, denn in vielen heidenchristlichen, paulinisch geprägten Gemeinden wurde Jesus eher als Befreier vom alttestamentlichen Gesetz denn als sein Fortsetzer begriffen. Letztlich ging es dabei um die Frage, ob der Gott Jahwe des Alten Testaments und der von den Christen geglaubte Vater Jesu Christi als identisch angesehen werden konnten.

*

Im Evangelium des Matthäus ist die Auferstehung Jesu Christi der Punkt, von dem an Gott seine Verheißungen auf eine neue Welt einzulösen beginnt. Die ethischen Forderungen des vorösterlichen Jesus erscheinen so als die Vision vom menschlichen Leben in Gottes neuer Welt. Dieses neue Leben versucht die urchristliche Gemeinde in einer Zeit des Umbruchs schon zu verwirklichen. Auch für Matthäus bringt Jesus nicht einfach eine Verschärfung der Thora, die den Menschen durch ihre unerfüllbaren Forderungen mutlos und passiv machen müsste. Mit Jesus beginnt die NeuschöpfungGottes, auf die das Volk Israel schon so lange gehofft hat. Diese Wende ermöglicht nun auch, den Gehorsam gegenüber der Thora zu vollenden. Die Zusage von Gottes Beistand in den Seligpreisungen zieht Forderungen einer neuen Ethik in den Antithesen nach sich. Man hat diesen zentralen Gedanken, der später auch die Reformation bestimmt hat, auf die Formel gebracht: Der Indikativ geht dem Imperativ voraus!

*

Die radikalen Forderungen, wie sie sich besonders in den Antithesen der Bergpredigt finden – absolute Treue und Wahrhaftigkeit, Gewaltlosigkeit und Feindesliebe –, werden zwar akzeptiert, weil sie dem Idealbild des Menschen von sich selbst entsprechen, gelten aber gleichzeitig als in der Realität unerfüllbar. Wer sie zum Maßstab für sein Leben wählt, gilt als Träumer und Utopist, der damit rechnen muss, zwischen dem angestrebten Ideal und der Anpassung fordernden Realität zerrieben zu werden.

Die überzogen erscheinende Forderung nach Vollkommenheit passt aber genau in das ESCHATOLOGISCHE WELT- UND GOTTESVERSTÄNDNIS Jesu und der Urgemeinde. Die *Bergpredigt* entwickelt eine neue, kompromisslose Ethik für die anbrechende neue Welt Gottes. Diese eschatologische Perspektive, die eine tragende Rolle bei der Entstehung des Textes gespielt hat, wird in der weiteren Entwicklung des Christentums wieder zurückgedrängt. Die Wiederkehr Christi und die endgültige Durchsetzung der Herrschaft Gottes verzögern sich auf unbestimmte Zeit; die eschatologische Perspektive wird deshalb nicht aufgegeben, aber sie rückt meist aus dem Mittelpunkt und ihre radikalen aktuellen Forderungen müssen dem Sich-Einrichten in der Zeit des Übergangs weichen. Der christliche Glaube sieht sich vor die Aufgabe gestellt – ganz ähnlich wie das jüdische Gesetz – ORDNUNGEN zu entwickeln, die das Leben auf lange Zeit hin bewahren können.

Das Grundproblem der Auslegung der *Bergpredigt* besteht darin, in welcher Weise ihre Forderungen zur Entwicklung einer dauerhaften christlichen Lebensordnung herangezogen werden können. Dabei zeigt sich, dass ihre Worte in unserer Welt immer fremd klingen und auch in abgeschwächter Form keine endgültige Einpassung in unser Leben erlauben. Ihr eschatologischer Horizont macht sie sperrig und verhindert nahezu ihre Umdeutung zu einem neuen christlichen Gesetz. Sie bleiben die Infragestellung jeder mit dem Diesseits versöhnten menschlichen Ethik.

*

In der mittelalterlichen Theologie versuchte man, der Bezogenheit der radikalen Forderungen Jesu auf eine andere Welt dadurch Rechnung zu tragen, dass man sie nur auf die Sonderwelt der Asketen, Heiligen und Mönche anwenden wollte. Wer sich aus der Welt zurückzog, um ein vollkommenes Leben zu führen, dem dienten die Ratschläge des Evangeliums *(consilia evangelica)* als Wegweiser. Der »normale« Alltag, so unterstellte man, ließ es aber nicht zu, dass schon alle Menschen so leben können. Für die Mehrzahl der Christen, die ihren Glauben in der Welt bezeugen wollten, sollte es daher genügen, sich nach den Zehn Geboten und dem Naturrecht zu richten. Durch diese geteilte Ethik mussten zwei unterschiedliche Formen der christlichen Glaubens- und Lebenspraxis nebeneinander geduldet werden. Beide Gruppen, Mönche und Weltchristen, blieben aber aufeinander bezogen. Das vollkommene Leben der Mönche geschah stellvertretend auch für die anderen Christen, wie umgekehrt die Mönche auf die Unterstützung durch die Laien angewiesen waren. Beide verstanden sich als Teile einer Solidargemeinschaft, der Kirche, in der die Spannung zwischen dem schon anbrechenden Gottesreich und der fortbestehenden sündigen Welt gemeinsam, aber an verschiedenen Positionen ausgehalten werden muss (▷ KE 12, 62).

In der Reformation wurde diese ZWEI-STUFEN-ETHIK verworfen, weil sie einerseits den Mönch in eine dauernde Überforderungssituation hineintreibt und auf der anderen Seite den Weltchristen zu schnell von der Forderung nach Umkehr entlastet. Entscheidend für die Ablehnung dürfte aber auch das veränderte Verständnis der Kirche gewesen sein. An die Stelle der solidarischen Gemeinschaft der Gläubigen tritt in der Reformation die Unmittelbarkeit des einzelnen Menschen vor seinem Gott.

*

Ausgehend von den Klostererfahrungen Luthers werden in der reformatorischen Theologie die radikalen Gebote Jesu nicht als Wegweiser für ein christliches Leben gesehen, sondern als Kristallisation des Willens Gottes, vor dem der Mensch in dieser Welt versagen muss. Die Bergpredigt zeigt, wie der Mensch nach Gottes Willen sein soll, sie zeigt aber in ihrer Kompromiss-losigkeit auch, dass der Mensch vor diesen Ansprüchen Gottes immer Sünder bleibt. Diesem Anspruch Gottes kann man nicht etwa dadurch ausweichen, dass man seine Zuflucht zu den Gnadenmitteln der Kirche nimmt. Erst wenn der Mensch sein unausweichliches Sündersein vor dem Willen Gottes, dem GESETZ, eingesehen hat, kann das EVANGELIUM ihn retten. Die Bergpredigt hat hier den pädagogischen Sinn, als konzentrierte Zusammenfassung des Gesetzes Gottes zu fungieren und dem Menschen die trügerische Hoffnung zu nehmen, aus eigener Kraft sein Leben meistern zu können. Wer aus sich selbst heraus meint leben zu können, dem sagt die Bergpredigt, was Gott von ihm gerechterweise verlangt.

Das Verständnis der Bergpredigt aus der reformatorischen Rechtfertigungslehre kann nicht zu dem Schluss führen, die Forderungen der Bergpredigt seien als für die Menschen von vornherein *unerfüllbar* entworfen. Sie sind im Einzelfall durchaus erfüllbar und ergeben sinnvolle

Orientierungsmarken für ethische Entscheidungen des Christen. Lediglich in ihrer Gesamtheit als Wille Gottes und in Verbindung mit der Forderung nach Vollkommenheit zeigen sie dem Menschen sein unausweichliches Zurückbleiben hinter den Ansprüchen an, die er ja im Einzelfall selbst akzeptiert und auch an andere anlegt.

Diese Deutung der Bergpredigt kann dadurch pervertiert werden – und hier liegt die Gefahr –, dass die Worte Jesu in Bußpredigten zur gezielten Entmutigung und Steigerung schlechten Gewissens eingesetzt werden, um die Menschen für die Gnade des Evangeliums besonders »aufnahmefähig« zu machen (▷ KE 12, 63).

*

Die Bergpredigt lässt sich am leichtesten verstehen, wenn man die einzelnen Gebote und Forderungen einem einzigen Gebot unterordnet, dem Gebot der Nächstenliebe. Ein entscheidender Grundzug der ethischen Weisungen Jesu im Neuen Testament ist seine »Ungrundsätzlichkeit«. Niemals stellt er absolut verbindliche Regeln auf, immer betrachtet er den Einzelfall, die besondere Situation. Auch die Forderungen der Bergpredigt dürfen deshalb nicht als allgemein verbindliche Regeln und ewige Gesetze aufgefasst werden, sondern sie illustrieren – vielleicht z. T. überspitzt – eine innere Grundhaltung zum Mitmenschen, die in allen äußeren Handlungen zum Ausdruck kommen soll: Liebe und Wohlwollen.

Jesus weiß, dass es Gott nicht um die äußerliche Erfüllung bestimmter Regeln geht, sondern dass er in die Herzen der Menschen sieht. Deshalb muss es in der christlichen Ethik um den Geist, die innere Haltung und Einstellung gehen, und nicht um einen kleinlichen Buchstabengehorsam. Beschreibt man aber diese grundlegende innere Herzenseinstellung, so finden sich Worte wie Feindesliebe, Gewaltlosigkeit, Leidensbereitschaft usw., die als Zielangaben einen Orientierungswert haben, ohne dass man sie in jedem Fall wörtlich verstehen darf.

In den Aussagen der Bergpredigt geht es um eine Ethik der Offenheit für die Situation und der richtigen Gesinnung. Die blinde Befolgung von festen Regeln würde weder der Verschiedenartigkeit menschlicher Lebenssituationen noch der Mündigkeit des Christen gerecht. Wer von Liebe und Wohlwollen erfüllt ist, wird in jeder neuen Situation das richtige Verhalten selbstständig finden, wie schon der Kirchenvater Augustinus sagt: *Dilige et fac quod vis!* – »Liebe, und dann tu, was du für richtig hältst.«

Diese Deutung der Bergpredigt als GESINNUNGSETHIK steht in der Gefahr, die konkreten Forderungen und Ziele aus dem Auge zu verlieren und sich schon mit einer ehrenhaften Gesinnung ohne entsprechende Taten zufriedenzugeben. Die gute Gesinnung mag für die richtige Handlungsweise entscheidend sein, leider gibt sie aber oft zu wenig konkrete Orientierungshilfe, sodass bei aller inneren Aufrichtigkeit ein Verhalten die Folge sein kann, das zu stark am gesellschaftlich »Normalen« ausgerichtet ist.

*

Die Ethik des Paulus lässt sich darauf reduzieren, dass er die Christen, die Gottes Geist in der Taufe erhalten haben, dazu auffordert, von dieser Gabe in Freiheit Gebrauch zu machen (▷ KE 12, 60):

> Wenn wir im Geist leben, dann wollen wir auch aus dem Geist handeln! *Gal 5,25*

Gleichzeitig schärft Paulus seinen Gemeinden ein, die christliche Freiheit nicht dadurch wieder zu verspielen, dass man sich der Willkür des eigenen Egoismus unterwirft:

> Alles ist mir erlaubt – aber nicht alles nützt. Alles ist mir erlaubt, aber nichts soll Macht haben über mich. *1 Kor 6,12*

Eine christliche Lebensführung muss, wenn sie dem Gebot der Nächstenliebe treu bleiben will, auf die Normen der Gesellschaft Rücksicht nehmen, denn es gibt kein unabhängiges christliches Gesetz. Aber Paulus mahnt auch zur Vorsicht und kritischen Distanz:

> Passt euch nicht einfach dieser Welt an, sondern lasst euer Denken und Streben neu werden, damit ihr prüfen könnt, was Gottes Wille ist, nämlich das Gute und Wohlgefällige und Vollkommene. *Röm 12,2*

Kapitel 16 | Die gesellschaftliche Verantwortung des Christen

> Sollen Christen sich in die Politik einmischen?
> Welche Rolle soll die Kirche im Staat spielen?
> Was beabsichtige Luther mit seiner Zwei-Regimenten-Lehre? Was wurde daraus?
> Ist Luther schuld an Hitler?
> Hat die Kirche ein »Wächteramt« auch in der Demokratie?

Der christliche Glaube hat eine innere Seite, die das Verhältnis des Menschen zu Gott berührt. Der Christ hat in seiner seelischen Beziehung zu Gott einen Ankerpunkt für das Leben, der in allen Stürmen Sicherheit gibt. Auf der anderen Seite ist die christliche Existenz nicht nur auf sich selbst bezogen, sondern öffnet sich für die Welt, wie auch Gott sich als Schöpfer und Erhalten für die Welt öffnet. Insofern steht die Frage, in welcher Weise der Christ sich in der Gesellschaft engagieren soll von allem Anfang an im Raum. In den ersten Jahrhunderten der Geschichte des Christentums wird diese Frage noch von der Außenseiter- und Verfolgungssituation überdeckt. Im Neuen Testament werden jedoch die Grundfragen bereits gestellt und im Ansatz durchaus unterschiedlich beantwortet. Die konstantinische Wende zu Beginn des 4. Jahrhunderts verlangt aber von der jungen Christenheit ihre Kräfte zu einer Gestaltung der Gesellschaft einzubringen.

*

Jesus wurde von den Römern als politischer Hochverräter und Aufrührer hingerichtet. Er starb also einen öffentlichen Tod als politische Person. Seine Verkündigung hatte – selbst wenn sie nicht politisch gemeint war – für ihn selbst politische Konsequenzen. Die urchristliche Gemeinde verkündet nach Ostern den gekreuzigten Jesus als den Christus, den auferstandenen Herrn der Welt. Sobald die Gemeinde eine nennenswerte Verbreitung und Anhängerzahl erreichte, wurde sie als eine staatszersetzende Bewegung wahrgenommen und zuerst zögernd, später heftig und systematisch bekämpft und verfolgt.

Die Geschichte Jesu, von der im Neuen Testament berichtet wird, spielt sich also von Anfang an in einem politischen Raum ab.

*

Die Versuchungsgeschichte in Lk 4,1–13 zeigt, dass im urchristlichen Umfeld des Lukasevangeliums und der Apostelgeschichte die politische Machtausübung als Teufelswerk angesehen wird. Politische Macht zu übernehmen ist die Versuchung, der Jesus Christus nicht unterliegen darf, wenn er die Welt im Sinne Gottes retten will. Darin spiegelt sich bestimmt keine reale Gefahr für die Urgemeinde, die politisch zunächst völlig bedeutungslos ist. Vielmehr erscheint das römische Imperium als die perverse Gestalt der Welt, die in dem Maße abgelöst wird, in dem sich das Evangelium von Jesus Christus durchsetzt. Das Evangelium, das Lukas als die frohe Botschaft für die Armen und Machtlosen darstellt, führt das Ende der Welt der Mächtigen und Einflussreichen herauf.

*

Die apokalyptischen Texte der Offenbarung des Johannes (besonders Offb 13) zeigen den Drachen des Bösen, der versucht, die Weltherrschaft an sich zu reißen, der aber scheitern muss, weil Gott seine Schöpfung nicht preisgibt (▷ KE 12,72). Das große Babylon, das unschwer als das römische Reich zu erkennen ist, muss in einer Katastrophe untergehen und alles in seinen Untergang mit hineinreißen, bevor ein neuer Himmel und eine neue Erde entstehen kann. Die christliche Gemeinde darf ihr Vertrauen in das zwar geschlachtete, am Ende aber doch siegreiche Lamm Gottes als Symbol für die zunächst verborgene, aber dann hervortretende Herrschaft Christi setzen. In dieser Welt bleibt ihr nur die Bereitschaft zum Martyrium. Die Christen sind Fremdlinge in der Welt der politischen Kämpfe um die Weltherrschaft und können nur still das Ende dieser Zeit erwarten. Hier spiegelt sich deutlich die Situation der Urkirche während der heraufziehenden Bedrohung durch die Christenverfolgungen.

Diese Texte können als Beispiel dafür dienen, wie in den urchristlichen Gemeinden, die unter zunehmenden staatlichen Druck geraten, eine Haltung entsteht, die darauf ausgerichtet ist zu überleben. Die politische Welt wird undifferenziert als übermächtige Bedrohung wahrgenommen, der man nur die Hoffnung auf eine eschatologische Weltenwende entgegenzusetzen hat. Die Ethik richtet sich in erster Linie auf das enge Zusammenleben in der Gemeinde, auf die man sich blind verlassen können muss. Je stärker der äußere Druck wird, umso enger rückt man zusammen und umso heftiger werden die Gerichtsvisionen gegen die feindliche Außenwelt. Eine Verantwortung für die Gesamtgesellschaft kann aus dieser bedrängten und beengten Perspektive noch kaum wahrgenommen werden.

*

Der in diesem Problemzusammenhang am häufigsten zitierte Text stammt aus dem 13. Kapitel des Römerbriefs (▷ KE 12,72):

> Jedermann sei untertan der Obrigkeit, die Gewalt über ihn hat. Denn es ist keine Obrigkeit außer von Gott; wo aber Obrigkeit ist, die ist von Gott eingesetzt. *Röm 13,1*

Röm 13 kann – besonders wenn man einzelne Sätze aus dem Gesamtzusammenhang herauslöst – zur Rechtfertigung jeder, auch einer verbrecherischen Obrigkeit gebraucht werden und ist besonders gegen Ende des 19. und im 20. Jahrhundert auch so verstanden worden.

Paulus wendet sich mit diesen Sätzen jedoch an christliche Gruppen, die in ihrer religiösen Schwärmerei alle weltlichen Verhältnisse des Lebens für überholt und überwunden ansehen. Auch Paulus selbst teilt die Naherwartung der urchristlichen Gemeinde im Hinblick auf die Wiederkehr Christi und die Auferweckung der Toten, aber er macht auch unmissverständlich klar, dass es keinen christlichen Glauben geben kann, der die Realität der Welt einfach ignoriert. Christ ist man in einer konkreten Lebenssituation und nicht in einer eingebildeten Fantasiewelt. Gott will, dass sich die Christen in der realen Welt bewähren, dazu gehören die vorgefundenen gesellschaftlichen Gegebenheiten, die Über- und Unterordnungsverhältnisse und die Regelungen des täglichen Lebens und Arbeitens. Ihnen soll kein Christ ausweichen.

Paulus sieht allerdings die christliche Teilnahme am Staat nur aus der Perspektive des loyalen Untertanen; die Möglichkeit, im Staat selbst mitzubestimmen oder Ämter zu übernehmen, kommt nicht in den Blick. Vers 5, der Gehorsam auch um des christlichen Gewissens willen und nicht nur aus Furcht vor Strafe fordert, wird heute so interpretiert, dass der Christ dadurch keineswegs jeder Obrigkeit ausgeliefert ist.

> Mögen andere die Gewalt fürchten müssen, der Christ gehorcht ihr als derjenige, der sich mit ihrem Anspruch der göttlichen Forderung konfrontiert weiß und mit seinem Gehorsam Gottesdienst leistet. Dann kann

es sich jedoch hier so wenig wie anderswo bei christlichem Gehorsam um ein sklavisches Untertanenverhältnis handeln.[1]

Im Anschluss an die Worte des Paulus muss auch die Frage nach einem Widerstandsrecht des Christen in einem Unrechtsstaat gestellt werden. Auch wenn es darauf keine allgemeingültige Antwort gibt, ist auch nach Röm 13 ein Widerstand des Christen gegen den Staat aus Gewissensgründen denkbar, wo die weitere Teilnahme am staatlichen Handeln zum Verbrechen würde (z. B. bei einem Angriffskrieg). Andererseits beinhaltet die Verpflichtung des Christen zum Dienen in der Gesellschaft auch den Dienst in einem Staat, der die Ausübung christlich-kirchlichen Lebens behindert und an dem der Christ leidet. Bei Paulus wird die Bereitschaft des Christen, sich als Teil der Gesellschaft und nicht nur als Außenseiter und Fremdling zu fühlen, besonders deutlich. Damit verbunden ist die Bereitschaft, gerade aus christlicher Überzeugung heraus Verantwortung für die Gemeinschaft zu tragen und auch unter widrigen Umständen zu dienen.

*

Die Lage der Christen im Römischen Reich ändert sich nach dem Herrschaftsantritt Kaiser Konstantins in wenigen Jahren dramatisch (▷ KE 12, 74). Nach der offiziellen Duldung des Christentums (MAILÄNDER TOLERANZEDIKT 313) gleitet die Kirche in den folgenden Jahren in atemberaubendem Tempo in die Rolle der staatstragenden Religion hinein. Zur offiziellen Staatsreligion wird das Christentum zwar erst im Jahre 380, aber die grundlegend geänderten Verhältnisse werden schon im Jahre 325 sichtbar, als die christlichen Bischöfe zu einem Konzil nach Nicäa (siehe Kapitel 6: Die christlichen Dogmen) in der Nähe der neuen Reichshauptstadt Konstantinopel zusammenkommen und der Kaiser den Vorsitz bei ihren Beratungen führt. Die Duldung verwandelt sich also rasch in rechtliche und finanzielle Unterstützung und Bevorzugung. Die Kirche steht dadurch vor völlig neuen Problemen und Gefahren:

Die Unterstützung durch den Kaiser bedeutet gleichzeitig eine entschiedene Einflussnahme der Politik auf die Kirche. Die hervorgehobene Stellung im Staat lässt die Zahl der Christen so sprunghaft anwachsen, dass es nicht gelingt, die Hinzugekommenen in sittlicher und geistlicher

---

1 Ernst Käsemann, Exegetische Versuche und Besinnungen, Bd. 2, Göttingen 1986, S. 219.

Haltung wirklich zu christianisieren. Die Kirche steht vor der Aufgabe, das Heidentum auch in seiner das gesamte öffentliche Leben tragenden, kulturbildenden Rolle zu ersetzen. Alte Institutionen wie Justiz, Militär, Wirtschafts- und Finanzwesen, Erziehung, Kunst und Wissenschaft müssen übernommen und christianisiert oder abgeschafft und in ihrer Gemeinschaftsfunktion ersetzt werden. Alle Herrschaftsstrukturen des Staates, etwa in den Bereichen Militär, Justiz, Stellung der Frauen oder Sklaverei müssen einer Überprüfung unterzogen werden.

Man wird insgesamt feststellen müssen, dass die christliche Kirche dieser Anforderung nicht gerecht geworden ist, weil sie viele Elemente ihrer glaubensmäßigen Identität im Tausch gegen Macht aufgegeben hat. Auf der anderen Seite lassen sich auch bewunderungswürdige Leistungen feststellen, insbesondere wenn man in Rechnung stellt, dass der Kirche keine Zeit für ein langsames Hineinwachsen in die Aufgaben gegeben war.

Die konstantinische Wende wird von vielen Christen bis heute als Korrumpierung der Kirche durch die Macht und als Sündenfall angesehen. Ein historisch gerechtes Urteil wird aber berücksichtigen, dass es für die Christen dieser Zeit kaum eine andere Wahl gab und die Fehler aus großem zeitlichen Abstand eben auch deutlicher zu erkennen sind.

*

Luthers Nachdenken über das Verhältnis von Kirche und staatlicher Macht entzündet sich an persönlichen Erfahrungen. Seine theologischen Schriften, die zu einer glaubwürdigen, von Entstellungen freien Verkündigung des Evangeliums beitragen sollen, werden von der römischen Kirche verurteilt. Im Edikt von Worms (1521), das Luther gesellschaftlich ächtet und ihn praktisch zum Tode verurteilt, macht sich die Staatsgewalt zum Richter in Glaubensdingen. Diese für ihn bedrohliche Konstellation ist der Anlass, grundlegende Fragen nach dem Verhältnis von Kirche und Staat zu stellen.

*

In seiner Schrift *Von weltlicher Obrigkeit, wie weit man ihr Gehorsam schuldig sei* stellt Luther fest, dass kein Staat das Recht habe, über den Glauben und das Gewissen seiner Bürger Macht auszuüben (▷ KE 12, 75). Der Staat würde sich dabei an die Stelle Gottes setzen und kein Christ wäre in einem solchen Fall zum Gehorsam verpflichtet. Luther lehnt somit jeden totalitären Staat ab, weil ein solcher seine Aufgaben und Befugnisse überschreitet.

Der Staat ist für die weltlichen Ordnungen des Zusammenlebens zuständig. Er hat für Frieden, Gerechtigkeit und Sicherheit zu sorgen, darf zu diesem Zweck auch für Christen bindende Anordnungen erlassen und muss diese gegebenenfalls auch mit Gewalt durchsetzen. So hat der Staat mit dem Gewaltmonopol einerseits die Sorge für Recht und Gerechtigkeit in seinem Inneren zu tragen und den Schutz seiner Bürger vor äußerer Bedrohung zu gewährleisten. Insofern ist er ein Instrument zur Eindämmung der Sünde. Andererseits obliegt ihm aber auch eine Verpflichtung zur Fürsorge und Wohlfahrt, um Leben und Glück seiner Bürger zu fördern und zu bewahren.

*

Luther schränkt zwar die Befugnisse staatlicher Macht ein, gibt dem Staat auf der anderen Seite aber eine eigene Würde: Er ist eine von Gott eingesetzte Ordnung. Durch den Staat und seine Amtsträger handelt Gott (vgl. Röm 13).

Luther kann dies einräumen, weil er zwei unterschiedliche REGIMENTE (Regierweisen) Gottes unterscheidet:

Gott handelt im Evangelium Jesu Christi, indem er Glauben weckt, Vergebung spendet, die Menschen tröstet, ermutigt und frei macht. Dies alles geschieht ohne Gewalt und Machtmittel. Kennzeichnend für diese Regierweise Gottes sind vielmehr der freiwillige Dienst am Nächsten und das Wort der Predigt, das kein anderes Mittel kennt, um zu überzeugen, als die Kraft des authentischen Bekenntnisses und Vorbilds. Dies ist die eigentliche Regierweise Gottes – Luther nennt sie das Regiment zur rechten Hand – und sie bildet in Verkündigung und Diakonie das Fundament und den Auftrag der Kirche.

Weil aber nicht alle Menschen Christen sind und auch die Christen nicht immer als Christen leben und handeln, muss Gott seine Welt vor dem Chaos schützen. Um Rücksichtslosigkeit und Zerstörungswut, Egoismus und Machtgier nicht überhand nehmen zu lassen, hat Gott Ordnungen wie die Ehe und den Staat eingesetzt, die dem Menschen Orientierung geben und Fehlverhalten deutlich machen. Dem Staat sind besonders in der Rechtspflege auch die nötigen Mittel gegeben, Ordnungen durch Zwang und Gewalt aufrechtzuerhalten. Wo dies geschieht, handelt Gott in seiner weltlichen Regierweise, dem Regiment zur linken Hand.

*

Für den wahren Christen wäre das weltliche Regiment Gottes entbehrlich. Er selbst tut niemandem Unrecht und ist für sich dazu bereit, Unrecht ohne Widerstand zu erleiden. So ist auch der Christ dazu aufgerufen, sich zum Schutz der Schwachen und Hilflosen für die Recht schaffenden Ordnungen zu engagieren. Er kann und soll politische Ämter übernehmen und die damit verbundene Gewalt gerecht und vernünftig ausüben. Dabei muss damit gerechnet werden, dass er in einen Widerspruch zwischen staatlich notwendigen Gewaltmaßnahmen und christlich gebotener Verzeihung und Liebe gerät. Böses muss unter Umständen mit Strafe vergolten werden und das Vorbild der Gewaltlosigkeit Christi kann dann keine Anwendung finden, wenn dem Christen als Amtsträger Leben und Besitz anderer Menschen anvertraut sind. Der Christ gerät in seinem politischen Engagement nahezu zwangsläufig in diesen Widerspruch, aus einer christlichen Motivation heraus mit »unchristlichen« Mitteln vorgehen zu müssen. Diesen Widerspruch muss er auf sein Gewissen laden, aber er darf im Vertrauen auf Vergebung handeln.

*

Ein Reich – zwei Regimente! Insofern alles Handeln der Christen auf Christus hin ausgerichtet ist, gibt es nur ein Reich Gottes. Bei den Mitteln ist jedoch zwischen geistlichem und weltlichem Regiment zu unterscheiden. Ebenso wie weltliche Gewalt im Raum des Glaubens und Gewissens keine Berechtigung hat, darf auch die geistliche Regierweise nicht bruchlos auf den Staat übertragen werden.

Das Evangelium der Liebe zur einzigen Grundlage für politische Entscheidungen zu machen, müsste in Gesetzlichkeit, Gesinnungsterror und Heuchelei enden. Zum Aufbau des REICHES GOTTES sind menschliche Machtmittel untauglich, denn Nächstenliebe lässt sich nicht mit staatlichen Gewaltmaßnahmen durchsetzen. Andererseits würde der Verzicht auf die Teilnahme am realen Staat den Christen zum Schwärmer und verantwortungslosen Träumer machen. Auch die gegenwärtige Welt ist Schöpfung Gottes und kann nicht einfach der Zerstörung überlassen werden.

Deshalb geht es Luther darum, die christliche Identität im Staat zu erhalten, aber die klare Wahrnehmung der Realität und damit die Sachlichkeit und Vernünftigkeit in der Politik zu gewährleisten und theologisch zu begründen. Luther gibt dem weltlich vernünftigen Handeln des Christen von der Kindererziehung bis zur Lenkung eines Staates eine eigene Würde und Bedeutung und macht ihn dadurch realitäts- und politikfähig. Der weltliche Beruf verlangt vom Christen denselben Ernst und dieselbe Hingabe wie geistliche Aktivitäten im Rahmen der Kirche. Der Familienvater und die Hausfrau werden Mönch und Nonne gleichgestellt.

*

Luther selbst beeinflusst das Verhältnis von Kirche und Staat in den protestantischen Ländern nachhaltig in ganz praktischer Weise, als er zur Neuordnung des Kirchenwesens die politischen Landesherren mit heranzieht. Er appelliert an die evangelischen Fürsten, die Organisation des kirchlichen Apparats in die Hand zu nehmen und als evangelische Christen in entscheidender Position für das Weiterbestehen und die finanzielle und personelle Ausstattung der Kirche nach der Ablösung von Rom zu sorgen. Nicht zuletzt dadurch gerät die Kirche in den evangelischen Ländern in eine starke Abhängigkeit vom Staat, die später als BÜNDNIS ZWISCHEN THRON UND ALTAR eine verhängnisvolle Rolle spielt.

*

Im 19. Jahrhundert wird Luthers Verhältnisbestimmung von Kirche und Staat in der Form einer ZWEI-REICHE-LEHRE vereinseitigt: Man unterscheidet zwei Bereiche: einen kirchlichen, in dem Nächstenliebe, Opferbereitschaft und Demut herrschen und in dem die Seele der Menschen in Gottesdienst und Predigt erbaut und feierlich aus dem grauen Alltag herausgehoben wird. Dieser Bereich ist säuberlich zu trennen vom Feld der Politik und der Staatsgeschäfte. Hier würde ein christlich motiviertes Handeln nur Schaden bringen. Vielmehr ist eine autoritäre Obrigkeit notwendig, die mit ihren Machtmitteln Zucht und Ordnung halten kann. Die christliche Tugend im Staat ist der unbedingte Gehorsam der Untertanen, den die Kirche religiös zu begründen und einzuschärfen hat. In diesem System genießt die Kirche die Unterstützung des Staates, solange sie als moralische Erziehungsanstalt und Armenfürsorge funktioniert. Politische Mitspracherechte sind nicht vorgesehen. Wo sie solche fordert (RELIGIÖSER SOZIALISMUS) oder auf ihre Eigenständigkeit bedacht ist, wird sie vom Staat erbittert bekämpft (KULTURKAMPF).

Für den Christen führt diese Trennung der Reiche zu einer Aufspaltung des Lebens in einen christlich-religiösen Bereich, der hauptsächlich in der Familie, im privaten Freundeskreis und in der Kirchengemeinde angesiedelt ist und einen bürgerlich-öffentlichen Bereich, der ganz anderen Regeln folgt. Als Staatsbürger oder als Amtsperson ist der Christ zum Patriotismus, zur Regierungstreue und zum Gehorsam verpflichtet. Sein Christ-Sein findet nur noch in abgegrenzten und für die feudale Obrigkeit harmlos-unschädlichen Privatbezirken statt und greift nicht in die Politik ein.

*

In der deutschen Geschichte des Protestantismus führt diese Einstellung zu einer unpolitischen, verbürgerlichten Kirche unter staatlicher Kontrolle, die es nicht mehr wagen kann, politische Kritik laut werden zu lassen. Die enge Bindung des deutschen Protestantismus an das autoritäre Kaiserreich und seine Staatsideologie verhindern z. B. jeden Protest der Kirche beim Ausbruch des Ersten Weltkriegs.

Nach 1918 wird der neue demokratische Staat (WEIMARER REPUBLIK) von der evangelischen Kirche nur widerstrebend akzeptiert. Es gelingt bis 1933 nicht, ein neues kirchliches Selbstverständnis aufzubauen, das die autoritäre Tradition des Bündnisses von Thron und Altar überwinden kann.

*

Die Machtübernahme der Nationalsozialisten 1933 und die rasche und durchgreifende Veränderung des Staates hin zu einem totalitären und militärischen System erlebt die evangelische Kirche wie gelähmt und unvorbereitet auf die neue Situation:

Ein Teil der Kirche, organisiert in der Glaubensbewegung DEUTSCHE CHRISTEN, will in eigenartiger Umkehrung der Lehre Luthers in der Gottgewolltheit des Staates die göttliche Sendung Hitlers als Offenbarer und Heiland für das deutsche Volk erkennen. Ihre Umgestaltung des christlichen Glaubens in ein »artgemäßes, positives Christentum« zur Verehrung eines »heldisch-germanischen Christus« entlarvt sich allerdings bald selbst.

Ein anderer Teil der Kirche will den neuen Staat teils freudig, teils zähneknirschend in seinem Eigenrecht akzeptieren und die aus der Zwei-Regimenten-Lehre folgende Trennung der Bereiche als Gebot der Nichteinmischung in die Politik ansehen.

Nur ein geringer Teil der Kirchenmitglieder kann sich zum Widerstand aus christlichen Motiven entschließen und muss dabei große Hemmungen und Widerstände überwinden, da es an Vorbildern und Denkmodellen für eine christliche Verweigerungshaltung fehlt.

KARL BARTH (1886–1968), der große schweizerische Theologe der reformierten Kirche, zieht das Resümee:

> Das deutsche Volk leidet an der Erbschaft des größten christlichen Deutschen, an dem Irrtum Martin Luthers hinsichtlich des Verhältnisses … von weltlicher und geistlicher Ordnung und Macht.[2]

---

2 Zit. nach Heinz Zahrnt, Die Sache mit Gott, München 1972, S. 194.

*

Barth übt theologische Kritik. Er sieht den Fehler Luthers darin, dass er den Staat zwar als Ordnung Gottes ansieht, aber versäumt, die Form dieser Ordnung vom Glauben an Jesus Christus her näher zu bestimmen.

Luther stellt die Aufgabe des Staates, das drohende Chaos durch machtvolle Ordnung zu verhindern, zu stark in den Mittelpunkt und lässt andererseits die christliche Zielbestimmung aller menschlichen Macht auf Recht, Gerechtigkeit, Teilhabe und Wohlfahrt aller Bürger zu unkonkret. So ist es möglich, dass sich auch der Unrechtsstaat auf ein angebliches Eigenrecht beruft und alle Einmischungen aus Glaubensmotiven ablehnt. Staatliche Anordnungen können so als ebenso gottgewollt und für den Christen verbindlich angesehen werden wie die Leitlinien des Evangeliums.

*

Karl Barth bleibt daher nicht dabei stehen, den Staat als gottgewollt anzusehen, sondern begründet ihn vom Ziel allen christlichen Handelns, von der Herrschaft Jesu Christi her. Deshalb fordert er, den Staat daran zu messen, inwieweit er seiner Aufgabe, durch Frieden und Recht in der menschlichen Gemeinschaft auf Christus hinzuführen, gerecht wird. Die christliche Begründung des Staates sollte also nicht – wie bei Luther – aus der Bewahrung der Schöpfung nach dem Sündenfall abgeleitet werden, sondern mit Blick nach vorn aus seinem spezifischen Beitrag zur Erlösung und Befreiung der Menschen auf Christus hin.

Dieser Ansatz klingt zunächst so, als wolle Barth den Staat christlich vereinnahmen und einem kirchlichen Diktat unterstellen. Das ist jedoch nicht der Fall. Auch Barth erkennt die Eigenständigkeit staatlich-politischen Handelns gegenüber dem Glauben an, aber er will keine völlige Abkoppelung zulassen.

Der Auftrag des Christen im Staat ist nicht, sich den Regeln des politischen Spiels anzupassen und mitzumachen bzw. sich als Christ herauszuhalten. Es geht darum, als Christ eine Politik zu unterstützen, die staatliche Ordnungen so beeinflusst, dass sie dem Reich Gottes ähnlich werden. Der Christ soll seinen Maßstab für die Beurteilung von politischen Entscheidungen furchtlos in die Diskussion einbringen: Dienen sie dem Frieden Jesu Christi dienen oder stören sie ihn.

*

Barths entschlossene Proklamation des christlichen Totalitätsanspruchs in der Kampfformel von der »Königsherrschaft Christi« gegenüber dem sich totalitär gebärdenden Staat rüttelte viele Menschen aus ihrer Lethargie auf (▷ KE 12, 78). Sie half, in der BEKENNTNISSYNODE VON BARMEN 1934 eine klare Gegenposition (eines Teils) der evangelischen Kirche gegen den Nationalsozialismus zu finden. Entsprechend beschreibt Barth CHRISTEN-GEMEINDE und BÜRGERGEMEINDE als zwei konzentrische Kreise mit einer gemeinsamen Mitte: dem Reich Gottes. Der Christengemeinde als dem engeren Kreis fällt die Aufgabe zu, den weiteren Kreis auf die gemeinsame Mitte hin zu orientieren. Damit ist auch klar, dass ein christliches Engagement für den Staat enden muss, wo sich dieser auf ein ganz anderes Zentrum hin orientiert, wie es im Hitler-Faschismus der Fall war. Aus dem himmlischen Reich Gottes strahlt das Licht des Evangeliums in die irdische Kirche hinein. Von dort soll das Licht der Erkenntnis in den politischen Raum ausstrahlen.

*

Kritisch ist festzuhalten, dass die Zwei-Reiche-Lehre so verstanden werden kann, als könne man Gottes Willen nicht nur aus dem Evangelium von Jesus Christus, sondern daneben auch aus scheinbar ewigen Ordnungen wie Ehe, Familie, Staat usw. ablesen. Das würde aber dem dauernden geschichtlichen Wandel menschlicher Verhältnisse ebenso wenig gerecht wie der verändernden Kraft des christlichen Glaubens. Die Rolle des Christen ist nicht als die eines loyalen Staatsdieners zu beschreiben, sondern durchaus als die eines aktiven Staatsbürgers. Sonst würde einer falschen passiv-konservativen Haltung von Christen Vorschub geleistet. Das hat in der Geschichte oft dazu geführt, den privaten als religiösen und den öffentlichen als weltlichen Bereich zu sehen. Wird diese Unterscheidung akzeptiert, so ist Religion »Privatsache« und der Glaube kann bei politischen Entscheidungen keine Rolle mehr spielen. Das macht es Politikern zu leicht, religiös begründete, moralische Ansprüche an den Staat zurückzuweisen.

Ein entscheidendes Verdienst der Zwei-Reiche-Lehre kann man auch heute noch darin sehen, dass in ihr die entscheidende geschichtliche Erfahrung gespeichert ist, wie zerstörerisch sich jeder Versuch einer totalitären Durchsetzung auch der selbstlosesten Glaubenshaltungen auswirken muss. »Ein-Reich-Lehren«, vom Führerstaat bis zum religiösen Fundamentalismus, sind auch in der Gegenwart eine gefährliche Bedrohung der Menschheit. Die Lehre Luthers gibt dem Staat eine christliche Zielbestimmung und lässt so keine unangefochtene Eigengesetzlichkeit der STAATSRÄSON zu. Für den Christen erwächst aus seinem Glauben einerseits ein Maßstab zur Beurteilung und Mitgestaltung politischer Entscheidungen und andererseits der Auftrag zum politischen Engagement. Die Unterscheidung der Mittel macht ihn realitäts- und politikfähig, denn sie eröffnet ihm die Möglichkeit zum Kompromiss.

*

Mit der AUFKLÄRUNG und in ihrem Gefolge der FRANZÖSISCHEN REVOLUTION vollzieht sich eine entscheidende Wende in der Legitimation staatlicher Macht. Ist aus christlicher Sicht letztlich jede staatliche Macht durch Gottes Schöpferhandeln (siehe Röm 13) legitimiert, so begründet sich nun ein Staat, der auf die SOUVERÄNITÄT DES VOLKES aufgebaut ist und den allgemeinen Willen *(volonté general)* seiner Bürger vollziehen soll. Der Staat ist eine vollkommen säkulare (weltliche) Angelegenheit und bedarf keiner religiösen Begründung. Die christliche Kirche kommt in ihm nur noch als private Vereinigung von Bürgern gleicher religiöser Überzeugung vor. In den ersten Verfassungen (Frankreich, USA) werden Versuche gemacht, Staat und Kirche vollständig voneinander zu trennen und die Religion zu einer reinen Privatsache zu erklären (LAICITÉ).

Die religiöse Neutralität und Toleranz des Staates gegenüber den religiösen Interessen seiner Bürger ist der Gewinn dieses neuen Staatsbegriffs, der aus den Erfahrungen der Konfessionskriege entstanden ist.

Der Verlust scheint vor allem darin zu bestehen, dass ein gemeinsames Fundament von Werten und Überzeugungen im Hinblick auf die Ziele des Staates nicht mehr ohne Weiteres gegeben ist. Klasseninteressen stehen sich ebenso gegenüber wie nationale, ethnische, religiöse und kulturelle Verschiedenheiten und müssen ausgeglichen werden. Um diesen Ausgleich ohne Gewalt bewerkstelligen zu können, werden demokratische Prinzipien entwickelt, in denen Minderheiten relativen Schutz genießen.

*

Die christlichen Kirchen können ihre »Interessen« in den öffentlichen Diskurs ebenso einbringen wie andere gesellschaftliche Gruppen, Gewerkschaften, Verbände etc. Sie finden auch Gehör, wenn sie im Hinblick auf das Allgemeinwohl des Staates sich für bestimmte Lösungen einsetzen. Problematisch wird ihr Verhältnis zum Staat dann, wenn christliche Überzeugungen ein Handeln gebieten, das mit der jeweiligen Staatsräson nicht übereinstimmt: z. B. beim Einsatz für soziale Randgruppen, beim Widerstand gegen eine militärisch bestimmte Außenpolitik, beim Schutz des Lebens oder wenn es um die Würde des Menschen geht. In diesen Fällen kann sich zeigen, dass ein christliches Gesellschaftsmodell auch dem demokratischen Staat gegenüber eine Kontrollfunktion beansprucht. In ihrer grundsätzlichen Denkschrift von 1985 *Evangelische Kirche und freiheitliche Demokratie* begrüßt die EKD diese Staatsform zwar nicht als einzig christliche, aber doch eine dem Glauben angemessene, weil in ihr der Staat keine letzte und absolute Autorität über den Menschen anstrebt. Die freiheitliche Demokratie bietet die Möglichkeit, die Wahrung von Freiheit und Menschenwürde und die Förderung von Gerechtigkeit und Frieden weiterzuentwickeln. An diesem Prozess will sich auch die Evangelische Kirche konstruktiv beteiligen und zwar so, dass ihr »Wächteramt« nicht erst bei krassen Fehlentwicklungen einsetzt. Die Kirche kann

nicht warten, bis sie ein ›Nein‹ sprechen muss, sondern sie muss die Entwicklung mitdenkend begleiten und dabei deutlich machen, wie christliche Verantwortung zu ihrer Korrektur und Beeinflussung wahrgenommen werden kann.[3]

---

3 EKD-Denkschrift, Aufgaben und Grenzen kirchlicher Äußerungen zu gesellschaftlichen Fragen, Eine Denkschrift der Kammer für soziale Ordnung in der EKD, Gütersloh 1970, Ziffer 14.

Kapitel 17 | Christliche Hoffnung

> Gehört die Hoffnung auf ein Leben nach dem Tode zum christlichen Glauben?
> Haben wir eine unsterbliche Seele?
> Wohin gehen die Toten?
> Worauf kann man hoffen?
> Was muss man für die Realisierung der Hoffnung tun?

Ein LEBEN NACH DEM TOD ist der zentrale Hoffnungsgegenstand im christlichen Glauben. Immer wieder wurde darüber nachgedacht, ob die Menschen sich nicht wie im Alten Testament mit der begrenzten Lebenszeit auf der Erde abfinden müssten und Gott für dieses Leben danken sollten, statt nach einer für sie eventuell ganz unbekömmlichen Unsterblichkeit zu schielen. Paulus analysiert ganz nüchtern:

> Wenn die Toten nicht auferweckt werden, dann lasst uns essen und trinken, denn morgen sind wir tot. *1 Kor 15,32*

Mit der Hoffnung auf einen weiteren Horizont des Lebens als dem einer ausschließlich irdischen Existenz, wird auch die Lebensperspektive ganz grundlegend erweitert. Ist mit dem Tode »alles aus«, dann stellt sich auch die Frage nach dem Sinn des Gottesverhältnisses. Die gnädige Zuwendung Gottes zum einzelnen Menschen, wie sie das Evangelium verkündet, verliert ihren Sinn, wenn sie mit dem biologischen Tod des Menschen endet. Luther formuliert die theologische Notwendigkeit, vom Menschen als von mehr denn bloß einem irdischen Geschöpf zu reden, so:

> Wo also und mit wem Gott redet, sei es, dass er in Zorn oder in Gnade redet, der ist gewiss unsterblich. Die Person des redenden Gottes und das Wort signalisieren, dass wir solche Kreaturen sind, mit denen Gott reden will in Ewigkeit und unsterblicherweise.[1]

*

---

[1] Martin Luther, Weimarer Ausgabe (WA) 43, 481, 32 ff. (Genesisvorlesungen, 1535–1545).

Das LEBEN NACH DEM TODE kann unter ganz unterschiedlichen Perspektiven betrachtet werden (▷ KE 12, 101).

Auch die fernöstlichen Religionen kennen die Vorstellung von einer Fortexistenz nach dem Tode, jedoch in der Form des Karma-Gesetzes. Dreh- und Angelpunkt dieser Lehre ist, dass alles im Leben angehäufte, negative Karma in einer späteren Verkörperung abgebüßt und abgebaut werden muss. Es ist ein westliches Missverständnis, daraus zu schließen, dass eine individuelle SEELE nacheinander mehrere Existenzen durchlaufen kann (REINKARNATION) und insofern auf ein irdisches Weiterleben rechnen darf. Die Belastung durch negatives Karma, die zu neuen Verkörperungen führt, hat mit der Sehnsucht nach einer Fortexistenz in erneuerter Gestalt nichts zu tun.

Untersucht man die Frage anthropologisch-philosophisch, dann kann ein Weiterleben nach dem Tod nur mit der grundlegenden Konstitution des Menschen zusammenhängen. Für den Menschen muss in irgendwie dualistischer Weise ein Bestandteil seiner Natur angenommen werden, der nicht der biologischen Sterblichkeit unterliegt: eine ewige Seelensubstanz. So lehrt es die platonistische Philosophie, die dem Menschen einen unsterblichen Lichtfunken zugesteht, der allerdings weniger mit seiner Individualität als vielmehr mit seiner Anteilhabe am göttlichen Lichtreich, dem Himmel, zu tun hat.

Die andere, biblisch-theologische Perspektive hält an der Sterblichkeit und Begrenztheit des Geschöpfes MENSCH fest. Ein ewiges Leben nach dem Tod ist ein eigener schöpferischer Akt Gottes, ein Herausrufen aus dem Tod und eine Auferweckung zu einem neuen Leben, nicht zu einer bloßen Fortexistenz. Die Auferweckung durch Gott ist aber – wie bei Jesus Christus – ein Akt an einer Person, nicht ein allgemeines Geschehen, und betrifft daher auch einen individuellen Menschen mit seiner persönlichen Geschichte.

*

Aus der Sicht heutiger, an naturwissenschaftlichen Erkenntnissen orientierter Anthropologie ist ein dualistisches Menschenbild, wie es aus der Philosophie Platons folgt und auch das christliche Mittelalter maßgebend bestimmt hat, nur mehr schwer zu verteidigen. Auch aus biblisch-theologischer Sicht unterliegt dieses Modell eines halb irdischen, halb göttlichen Menschen schweren Bedenken. Die christliche Hoffnung auf eine individuelle Auferweckung durch Gott folgt einem anderen Menschenbild und liegt von vornherein außerhalb der naturwissenschaftlichen Aussagemöglichkeiten.

Allerdings entstehen auch hier nicht zuletzt seelsorgerische Probleme: Die Frage, wohin die Toten gehen, stellt sich für jeden Menschen in immer neuer Dringlichkeit. Die Auferstehungshoffnung gibt auf diese Frage nach dem Aufgehobensein der Toten keine direkte Antwort.

Insofern bleibt die Frage nach einer Seele in dem Sinn offen, dass sie einen Ausdruck für die kontinuierliche Fortexistenz der Person bei Gott anbieten kann. Gerade wenn Auferstehung im biblischen Sinne als Neuschöpfung des Lebens durch Gott verstanden wird, entsteht das Bedürfnis, die Kontinuität und Identität der menschlichen Person in irgendeiner Weise begrifflich festzuhalten. Der in der christlichen Frömmigkeit und Vorstellungswelt tief eingeprägte Begriff der Seele ist dann trotz der obigen Bedenken kaum sinnvoll zu ersetzen: Die Seelen der Toten sind bei Gott und bilden zusammen mit den Lebenden die Einheit des Gottesvolkes, das auf die Vollendung durch den Herrn wartet (▷ KE 12, 102 f.).

*

Die Hoffnung der ersten Christen richtet sich auf die bevorstehende Wiederkehr des Herrn, die zur endgültigen Aufrichtung des Gottesreiches führen soll. So denkt noch die Naherwartung des Paulus. Die Hoffnung auf das ewige Leben mit Christus in seinem Reich ist die Kraftquelle der Christen in Verfolgung und Ausgrenzung durch die antike Gesellschaft.

Im Mittelalter rückt die Vorstellung vom JÜNGSTEN GERICHT in den Mittelpunkt und bestimmt die Hoffnung auf ein Leben nach dem Tod. Einerseits wird damit das Jenseits als das eigentliche Leben aufgewertet, andererseits erscheint die Auferweckung der Toten durch Gott nun eher als Vorbereitung für den eigentlich wichtigen Gerichtsakt. Auch die Idee einer unsterblichen Seele spielt eine wichtige Rolle, weil nur mit ihrer Hilfe verständlich gemacht werden kann, welcher Zusammenhang zwischen dem individuellen Gericht nach den Werken und dem allgemeinen Gerichtshandeln Gottes an der Welt in Form der NEUEN SCHÖPFUNG bestehen kann. Insgesamt wird die Erwartung eines Lebens nach dem Tod sehr stark als moralisches Motiv ins Spiel gebracht.

In der modernen Theologie tritt der Gesichtspunkt der Gnade Gottes wieder mehr in den Vordergrund und verdrängt die zentrale Bedeutung des Gerichts. Auch in der Theologie wird unter dem Eindruck eines veränderten Naturbildes nicht überall an der Existenz einer unsterblichen Seele festgehalten und daher der Gedanke diskutiert, dass der Tod das definitive und endgültige Ende der menschlichen Person darstellt (GANZTOD-THEOLOGIE). So entsteht aber die Gefahr, dass die Auferstehungshoffnung sehr stark vom realen, geschichtlichen Leben der Menschen abgekoppelt wird und verblasst.

Erst in jüngster Zeit regt sich Widerstand dagegen und es werden neue Versuche unternommen, die Rede von der menschlichen Seele als Sitz oder Zielpunkt menschlicher Identität wiederzugewinnen.

*

Die biblischen Hoffnungsbilder von einer neuen Schöpfung, einem endgültigen Reich Gottes, sind aus menschlichen Mangelerfahrungen entwickelt. Prägend ist die Vision von einem himmlischen Jerusalem als versöhnter, heiler Gemeinschaft der Menschen untereinander und mit Gott. Eingeschlossen in die Visionen vom Friedensreich, das der Messias bringt, ist auch der Frieden mit und in der Natur, die als ebenso erlösungsbedürftig erscheint wie die Gemeinschaft der Menschen (▷ KE 12, 113). Insgesamt ist also die christliche Hoffnung nicht auf ein abstraktes Jenseits ausgerichtet, sondern nimmt vom Schöpfungsglauben aus die Erlösung der konkreten, leiblichen, gesellschaftlichen und geschichtlichen Existenz in den Blick. Die Vaterunser-Bitte nach der Erlösung von dem Bösen öffnet einen weiten Horizont:

> Das Böse, von dem wir erlöst zu werden hoffen, umfasst die persönliche Schuld ebenso wie die strukturelle Ungerechtigkeit in den Gesellschaften, es umfasst die Krankheitsleiden ebenso wie die Todesängste und -nöte. Das Böse ist hier, kurz gesagt, identisch mit dem, was des Menschen Antlitz schändet.[2]

*

Die biblischen Visionen vom Reich Gottes setzen sich in gesellschaftlichen Utopien fort. Aus der Sicht des Glaubens sind diese dann zu begrüßen, wenn sie ihre Wahrheit daraus beziehen, dass sie das Wesen des Menschen und das innere Ziel seines Lebens in konkrete gesellschaftliche Formen umsetzen. Sie können den Menschen dazu befähigen, über die Gegenwart hinaus zu denken und seine Kreativität ins Spiel zu bringen. Auf diese Weise können sie eine große geistige Kraft entfalten und zu mutigem Handeln inspirieren.

Allerdings steckt in ihnen auch stets die Gefahr, von einem unrealistisch-idealisierten Menschenbild auszugehen, das die Möglichkeiten

---

2   Christof Gestrich, in: Zeitzeichen 5(2010), S. 27.

überschätzt. So entstehen z. T. dogmatisch sterile Wunschprojektionen der Gesellschaft, die gesunde Entwicklungen eher einengen als befördern. Aus der Enttäuschung über fehlgeschlagene utopische Projekte entsteht oft die Bereitschaft zur Gewaltanwendung und zum Terrorismus.

Die Idee des Reiches Gottes befördert auf der einen Seite die Entstehung von Utopien, kritisiert sie aber auch dort, wo sie unwahr werden (▷ KE 12, 117).

> In dem, was in der Geschichte geschieht, verwirklicht sich das Reich Gottes. Es verwirklicht sich und wird zugleich bekämpft, unterdrückt, ausgestoßen.
>
> Wichtig (…) bleibt die Idee, der Geist der Utopie, der die Utopie überwindet.[3]

*

Menschliche Pläne die Gesellschaft dem Reich Gottes anzunähern, stehen unter dem eschatologischen Vorbehalt, dass nur Gott selbst sein Werk vollenden kann. Sie werden befördert durch das Bewusstsein im Einklang mit dem göttlichen Willen zu Gerechtigkeit und Heil zu stehen. Sie werden aber auch immer wieder in Frage gestellt durch das Bewusstsein, dass menschliches Handeln das Heil nicht in seiner Mehrdimensionalität erstreben kann und in der Gefahr steht sich in Utopien zu verrennen (▷ KE 12, 120).

> Gottes eigenes Handeln, das Recht schafft, erinnert uns daran, dass die Hoffnung auf Gerechtigkeit nicht eine Utopie bleibt, sondern für diese Welt gilt: Friede auf Erden ist eine schon jetzt geltende Verheißung. Wir machen uns schuldig vor Gottes Augen und vor der Welt und leugnen seine befreiende und verändernde Macht, wenn wir als Christen trotz allen Wissens nicht den global und lokal herrschenden Ungerechtigkeiten, den Menschen verachtenden Kriegen und dem aus Maßlosigkeit geborenen Raubbau an seiner Schöpfung entgegentreten. Kehret um, und ihr werdet leben.[4]

---

3 Paul Tillich, Der Widerstreit von Raum und Zeit. Schriften zur Geschichtsphilosophie, Gesammelte Werke, hg. von Renate Albrecht, Bd. 6, Stuttgart 1963, S. 199–210.
4 Umkehr zum Leben. Denkschrift der EKD, 2009.